WITHDRAWN
FROM THE RODMAN PUBLIC LIBRARY

EVERYDAY KOREAN

EVERYDAY KOREAN

A Basic English-Korean Wordbook

by Eldora S. Thorlin
and Taesoon Henthorn

New York · WEATHERHILL · *Tokyo*

FIRST EDITION, 1972

*Published by John Weatherhill, Inc.
149 Madison Avenue, New York, N.Y. 10016
with editorial offices at
7-6-13 Roppongi, Minato-ku, Tokyo 106
Copyright in Japan, 1972
by John Weatherhill, Inc.
all rights reserved
Printed in Japan*

LCC 71-183519   ISBN 0-8348-0069-1

CONTENTS

Authors' Introduction	1
Pronunciation	1
Grammar	3
EVERYDAY KOREAN	7
Appendices	157
Phrases for Everyday Situations	158
Salutations and Civilities	158
Instructions to the Taxi Driver	159
General Shopping Phrases	160
At the Beauty Shop	162
At the Barbershop	163
At the Dressmaker or Tailor Shop	164
At the Service Station	165
Telephoning	168
Health Problems	169
Interviewing a Maid	170
Housekeeping Instructions	171
Instructions for Child Care	174
Numbers and Counting	175
Months of the Year	177
Days of the Week	177
Telling Time	178

vi Contents

Tables of Equivalents	179
Liquid and Linear Measures	179
Speed Table	179
Temperature Table	180

AUTHORS' INTRODUCTION

Even limited fluency in a foreign language can help bridge the gap to mutual understanding between peoples of different tongues. This dictionary was designed to help the English speaker take his first steps forward in learning conversational Korean.

A significant number of English loanwords will be found within these pages, accounted for by their rapid importation into the everyday speech of the Koreans today, and by the need to help beginners in Korean communicate quickly and effectively.

The nature and scope of this dictionary restricts us to the following brief explanation of pronunciation, grammar, and sentence structure.

Pronunciation

The Korean language contains a number of sounds which do not occur in English and can, therefore, only be suggested by examples drawn from the English language. The following explanations should help, but don't forget that your best guide in pronouncing will come from listening to your Korean friends speak.

VOWELS

a as in f*a*ther
ae as in *a*t
e as in *a*corn
i as in *ea*t
o as in b*oa*t (round your lips)
ŏ as in b*u*t
u as in b*oo*t (round your lips)
ŭ as in b*u*t

Note that *ŏ* is produced further back than *ŭ*, but many Korean speakers make no distinction between these two sounds.

Several vowels occur together in many Korean words. Pronounce each vowel separately, but speak in a relaxed and natural fashion. For example, *oa* (o+a) and *ua* (u+a) will commonly sound like *wa* when spoken naturally, while *oe* (o+e) will sound like *we*. Don't forget, however, that the combination *ae* (as in Taegu) is a single sound in Korean.

CONSONANTS

The consonants that may initially give English speakers trouble in pronouncing are the following:
1. *tt*, *pp*, *kk*, *ss*, and *jj* are produced with a tenseness in the throat and mouth, and to the untrained ear sound much like "hard" *d*, *b*, *g*, and "soft" *s*, and *j*.
2. *ch'*, *t'*, *p'*, and *k'* are similar to English *ch*, *t*, *p*, and *k* but with stronger aspiration (more breath).

3. *r* is produced with a single flap of the tongue against the roof of the mouth.
4. *si* is similar to the sound of the word *she*.
5. *g* is hard.

Apostrophes are used to aid in pronouncing such words as *han'guk* and to indicate vowel loss in the various contractions of the verb *imnida,* such as *honja'mnida.*

Grammar

Although a description of the grammar of the Korean language is beyond the scope of this work, the following examples of Korean sentence structure should be of some assistance in communicating with your Korean friends.

Korean verbs do not express person. *Kamnida* (goes) may mean I, you, he, she, they, we, is/are going. *Kamnikka?* (goes?) may mean Is/Are you, he, she, they going? Although the subject is usually clear, you may want to add a personal pronoun such as I *(na)* or you *(tangsin)* before the verb to clarify your meaning.

Korean nouns do not have plurals. *Saram* may mean one person or several. To stress plurality add the word *tŭl* after the noun: *saram tŭl* can only mean more than one person.

Korean sentence structure is highly complex, but it is also very systematic. The following examples of sentences or verb structures will illustrate how some Korean sentences are formed.

Kamnida.	(I'm) going.
Goes.	
Pusan e kamnida.	(I'm) going to Pusan.
Pusan to goes.	
Naeil Pusan e kamnida.	(I'm) going to Pusan tomorrow.
Tomorrow Pusan to goes.	
Na nŭn naeil Pusan e kamnida.	I'm going to Pusan tomorrow.
I tomorrow Pusan to goes.	

Negatives of Korean verbs may be formed in several ways but the easiest is simply to add the negative word *an* (not) before the verb.

Kamnida.	He's going.
An kamnida.	He's not going.
Kamnikka?	Are you going?
An kamnikka?	Aren't you going?

Another negative word that comes in handy is *mot* (can't, unable to).

Kamnida.	I'm going.
Mot kamnida.	I can't go.
Kamnikka?	Is she going?
Mot kamnikka?	Can't she go?

When Korean speakers answer "yes" or "no" questions, they agree or disagree with the question as in, "Yes, we have no tomatoes." This differs from English usage when the question is in the negative. For example:

Naeil kamnikka?	Are (you) going tomorrow?
Ne.	Yes. (That's right, I'm going.)
Aniyo.	No. (That's not right, I'm not going.)
An kamnikka?	Aren't you going?
Ne.	Yes. (That's right, I'm not going.)
Aniyo.	No. (That's not right, I'm going.)

Korean speakers never address each other by their first names but always use the family name with some title of address. For example:

Kim sŏnsaengnim	Mr. Kim
Cho ŭsa	Dr. Cho (medical)
Hong paksa	Dr. Hong (academic)

However, English order is followed for the adopted Mr., Mrs., and Miss:

Missŭ Cho	Miss Cho
Misŭt'ŏ Pak	Mr. Pak

EVERYDAY KOREAN

LIST OF ABBREVIATIONS

K.   Korean or Korean-style
mil. military
RR   railroad
W.   Western or Western-style

THE BASIC WORDBOOK

A

abacus *chup'an*
above *wi*
above (the) ... *wi e*
abscess *chonggi*
absent-minded *chŏngsin ŏmnŭn*
absorbent cotton *t'aljimyŏn*
accelerator (car) *akssel*
accent *aksent'u*
accident *sago*
  car a. *ch'a sago*
account: charge a. *oesang kŏrae kejŏng*
  checking a. *tangjwa yegŭm*
  deposit a. *yegŭm kejŏng*
  expense a. *kyojebi*
  savings a. *chŏch'uk yegŭm*
accountant *hoegewŏn*
accurate *chŏnghwak han*
ace (playing card) *eisu*
acne *yŏdŭrŭm*
across the street *kilkonno*
active *hwaldongjŏgin*
actor *paeu*
actress *yŏ paeu*
address (abode) *chuso*
  A. this in Korean letters. *I kŏl Han'gŭl lo ssŏ chusipsiyo.*
  Give me your name and a., please. *Irum kwa chuso lŭl chom chusipsiyo.*
  Here's my name and a. *Yŏgi e chŏ e irŭm kwa chuso ka issŭmnida.*
address book *chusorok*
adhesive tape *panch'anggo*
adjacent (to) ... *e kakkai innŭn*
admission fee *ipchangnyo*
adopted daughter *yangnyŏ*

adopted son *yangja*
adult *ŏrŭn*
adventure *mohŏm*
adventurous *mohŏmjŏgin*
advertisement *kwanggo*
aerogramme (international airmail letter) *hanggong pongham yŏpsŏ*
afraid *musŏpsŭmnida*
   Are you a.? *Musŏpsŭmnikka?*
   Don't be a. *Musŏwŏ haji masipsiyo.*
   I'm a. (frightened). *Aju musŏwŏ yo.*
   I'm not a. *An musŏwŏ yo.*
afternoon *ohu*
   all a. *ohu naenae*
   during the a. *ohu tongan e*
   every a. *maeil ohu*
   Good a. *Annyŏng hasimnikka.*
   in the a. *ohu e*
   this a. *onŭl ohu*
   tomorrow a. *naeil ohu*
   yesterday a. *ŏje ohu*
afterward *najunge*
After you! *Cha, mŏnjŏ!*
again *tasi*
   Do it a.! *Tasi hase yo!*
   Don't do it a.! *Tasi haji mase yo!*
against the ... *hyang haesŏ*
ago *chŏn e*
   a minute a. *ilbun chŏn e*
   a month a. *handal chŏn e*
   an hour a. *han sigan chŏn e*
   a short time a. *chamkkan chŏn e*
   a week a. *iljuil chŏn e*
   a year a. *illyŏn chŏn e*
   long a. *orae chŏn e*
agree: Do you a.? *Kŭrŏt' ago saenggak hamnikka?*
   I a. *Chŏ to kŭrŏkhe saenggak hamnida.*
   I don't a. *Chŏ nŭn kŭrŏkhe saenggak an hamnida.*
ahead *ap*
   Go a. (Continue.) *Kesok hase yo.*
   Who's a.? *Nuga ap'ŭl sŏssŭmnikka?*
air *konggi*
air-conditioned *naengbang changch'i ga toen*
air conditioner *naengbang changch'i*
airline *hanggong hoesa*
airline office *hanggong hoesa samusil*
airline terminal *pihaeng-*

airmail   11   **alone**

jang
airmail *hanggong up'yŏn*
  via a. *hanggong up'yŏn ŭro*
airmail letter *hanggong up'yŏn p'yŏnji*
airman (mil.) *konggun kunin*
air mattress *eŏ maech'uresŭ*
airplane *pihaenggi*
airport *pihaengjang*
airsickness *pihaenggi mŏlmi*
airtight *konggi ga t'ong haji ankhe han*
ajar *chogŭm yŏllyŏ chin*
à la carte *alla k'arŭt'ŭ*
alarm clock *chamyŏngjong*
alcohol *alk'ohol*
alcoholic (an) *alk'ol chungdokcha*
alien (an) *oegugin*
alien registration *oegugin tŭngnok*
alien identification card *chŭngmyŏngsŏ*
alike: They're both a. *Turi ta mach'an'gaji e yo.*
alimony *saenghwalbi*
alive: He (she) is still a. *Kŭ nŭn ajik sara issŭmnida.*
  Is he (she) still a.? *Kŭ nŭn ajik sara issŭmnikka?*
  Is it a.? *Ajik sarassŭmnikka?*
  It's a. *Ajik sarassŭmnida.*
all (of it, them) *chŏnbu*
all at once *han kkŏbŏn e*
allergic *allerŭgi e*
  Are you a. to it? *Pujagyong i irŏnamnikka?*
  I'm a. to it. *Pujagyong ŭl irŭk'imnida.*
  I'm not a. to it. *Pujagyong ŭl an irŭk'imnida.*
allergy *allerŭgi*
alley *kolmok*
alligator (leather) *agŏ kajuk*
allowance (stipend) *sudang*
all ready: I'm a. r. *Chunbi ta toessŭmnida.*
  It's a. r. *Ta toessŭmnida.*
all right: All right. (I agree.) *Chosŭmnida.*
  Is it a. r.? *Kwaench'ansŭmnikka?*
  It's a. r. *Kwaench'ansŭmnida.*
all together (of persons) *modudŭl kach'i*
almond *almŏndŭ*
almost *kŏi*
alone (by oneself) *honja*
  Are you a.? *Honja'simnikka?*

alongside   12   **anything**

I'm a. *Honja'mnida.*
I'm not a. *Honjaga an imnida.*
alongside *e kyŏt'e*
aloud *k'ŭn soriro*
already *pŏlssŏ*
also *to*
aluminum foil (used in the kitchen) *allŭminyum hwŏil*
always *hangsang*
a.m. *ojŏn*
ambassador *taesa*
ambitious *yasimman manhan*
ambulance *kugŭpch'a*
America: North A. *Pungmi* South A. *Nammi*
American (citizen) *Miguk Saram*
American (made in America) *Mije*
American Consulate *Miguk Yŏngsagwan*
American Embassy *Miguk Taesagwan*
ammonia *ammonia*
among (the) ... *kaunde*
amount *aeksu*
amusement park *yuwŏnji*
anaesthesia *mach'wi*

under a. *mach'wijung*
anaesthetic *mach'vie*
general a. *chŏnsin mach'wi*
local a. *kukpu mach'wi*
and *kŭrigo*
angry *hwaga nan*
Are you a.? *Hwaga nassŭmnikka?*
Don't be a.! *Hwa naeji mase yo!*
I'm a. *Hwaga nassŭmnida.*
I'm not a. *Hwaga an nassŭmnida.*
animal *tongmul*
ankle *palmok*
I've sprained my a. *Palmok ŭl ppiŏssŭmnida.*
anniversary: wedding a. *kyŏrhon kinyŏmil*
another one (different) *tarŭn kŏt*
another one (more) *hana tŏ*
antifreeze (for car) *pudongje*
antihistamine (tablet) *hang hisŭt'aminje*
antiseptic (an) *pangbuje*
anxious *kŏkchŏng nanŭn*
any *ŏnŭ kŏsina*
anyone *nuguna*
anything *muŏsidŭn*

anyway — aspirin

anyway ŏjjaettŭn
anywhere ŏdiena
apart: It came a. *Pusŭrŏjŏsse yo.*
apartment *ap'at'ŭ*
　furnished a. *kagu tallin ap'at'ŭ*
apartment building *ap'at'ŭ pilding*
appendectomy *maengjang susul*
appendicitis *maengjangyŏm*
appetizers (hors d'oeuvres) *sul anju*
apple *sagwa*
apple juice *sagwa chyusŭ*
apple pie *aep'ul p'ai*
appointment *yaksok*
apricot *salgu*
　dried a. *kŏn salgu*
April *Sawŏl*
apron *ap ch'ima*
arcade (line of shops under cover) *ak'eidŭ*
architect *kŏnch'ukka*
argue: Don't a.! *Chebal tat'uji mase yo!*
arm *p'al*
armchair *allak ŭja*
armpit *kyŏdŭrangi*
around: Turn a. *Torasŏ chusipsiyo.*
around (nearby) *kŭnch'ŏ*
around the (street) **corner** *kil mot'ung'i*
arranged marriage *chungmae kyŏrhon*
arrive: What time does it a.? *Messi e toch'ak hamnikka?*
　What time are you arriving? *Messi e toch'ak hasimnikka?*
　When did you a.? *Ŏnje toch'ak hasyŏssŭmnikka?*
art *misul*
art gallery *hwarang*
artificial respiration *in'gong hohŭppŏp*
artist (painter) *hwaga*
ashtray *chaettŏri*
Asia *Asea*
Ask him (**her**). *Murŏ pose yo.*
asleep: He (she) is a. *Chago issŭmnida.*
　He (she) is not a. *An chago issŭmnida.*
　My foot's a. *Pari chŏrimnida.*
asparagus *asŭp'aragŏsŭ*
aspirin *asŭp'irin*

as soon as possible — back

as soon as possible *toel su innŭn han ppalli*
astringent *suryŏmje*
attendant: gas station a. *chuyuso esŏ irhanŭn saram*
attic *tarak*
attractive *maeryŏkchŏgin*
aubergine (eggplant) *kaji*
August *P'arwŏl*
aunt (your) *sungmonim*
aunt (my) *chŏe ajumŏni*
Australia *Osŭt'ŭrellia*
Australian (citizen) *Osŭt'ŭrellia Saram*
Australian (made in Australia) *Osŭt'ŭrelliaje*
Australian Embassy *Osŭt'ŭrellia Taesagwan*
author *chŏjakja*
automatic *chadongjŏk*
automatic transmission (car) *chadong pyŏnsokki*
auto mechanic *chadongch'a surigong*
automobile *chadongch'a*
autumn *kaŭl*
average *pot'ong*
  above a. *pot'ong isang*
  below a. *pot'ong iha*
awake: Are you a.? *Cham ŭl kkaeŏ nasyŏssŭmnikka?*
  I'm a. *Cham ŭl kkaeŏ nassŭmnida.*
awning *ŏning*
azalea *chindallae*

B

baby *aegi*
baby bottle *aegi uyubyŏng*
baby carriage *yumoch'a*
baby sitter *ai poajunŭn saram* (see also p. 174, Instructions for Child Care)
bachelor *toksin namja*
back (reverse side) *twi*
  in b. *twi e*
  in b. of ... *e twi e*
back (of the body) *tŭng*
back: I'm b. *Tanyŏ wassŭmnida.*

back door   15   **bandana**

Let's go b. *Tora kapsida.*
When will you be b.? *Ŏnje tora osimnikka?*
back door *twinmun*
backside (buttocks) *kungdeng'i*
backup light (car) *ppaek rait'u*
backward (direction) *kŏkkuro*
back yard *twinmadang*
bacon *peik'on*
bacon and eggs *peik'on kwa aegu*
bad *nappŭn*
bad habit *nappŭn pŏrŭt*
bad luck *agun*
bad-tempered *sŏnggyŏg i nappŭn*
bag *charu*
   a b. of ... *han charu*
   paper b. *chongi pongji*
   tea b. *t'i paegŭ*
baggage *chim*
   excess b. *chungnyang i nŏmnŭn chim*
bait (for fishing) *mikki*
baked ham *peik'ŭ haem*
baked potato *peik'ŭ p'otaet'o*
bakery *chegwajŏm*

baking dish *kumnŭn chŏpsi*
baking powder *peik'ing p'audŏ*
baking soda (bicarbonate) *peik'ing soda*
balance due *chan'gŭm*
balcony *ppalk'oni*
balcony seat *ich'ing chari*
bald: He's b. *Kŭ nŭn taemŏrimnida.*
ball *kong*
   a b. of ... *tŏngŏri*
   a baseb. *yagu kong*
   bowling b. *pollingbol*
   golf b. *kolp'ŭbol*
   tennis b. *chŏnggu kong*
   volley b. *paegu kong*
ball (dance) *mudohoe*
balloon *komu p'ungsŏn*
ball-point pen *polp'en*
bamboo *ch'amdae*
bamboo pipe (for smoking, K.) *tambaetae*
bamboo shoots (edible) *chuksun*
banana *panana*
band (orchestra) *ppaendŭ*
bandage *pungdae*
Band-Aid *panch'anggo*
bandana *hinmuni pakhin pidan sugŏn*

bangs (hair) *aegyo mŏri*
bank (of a river) *kang ŏndŏk*
bank (commercial establishment) *ŭnhaeng*
bankbook *ŭnhaeng yegŭm t'ongjang*
bank draft *ŭnhaeng ŏŭm*
bar: a b. of ... *han chang*
bar (serving liquor) *ppa*
bar hostess *ppa yŏja*
barber *ibalsa*
barbershop *ibalso* (see also p. 163, At the Barbershop)
barbiturate *chinjŏngje*
bare *maen*
barefooted *maenbal*
bargain (good buy) *ssaguryŏ*
barracks (mil.) *parak'ŭ*
bartender *ppat'endŏ*
base (mil.) *kiji*
 off b. *kiji pakk*
 on b. *kiji an*
baseball (a) *yagu kong*
baseball game *yagu sihap*
baseball glove *yagu k'ŭllŏp*
baseball stadium *yagu undongjang*
basement *chihasil*
bashful *pukkŭrŏm t'anŭn*
 Don't be b. *Pukkŭrŏwŏ haji mase yo.*
basket *paguni*
 wasteb. *hyujit'ong*
bassinet *pessinet'ŭ*
bath *mogyok*
 including b. (room charge) *mogyokt'ang chegong*
 including b. and meal (room charge) *mogyokt'ang kwa siksa chegong*
 public b. (K.) *kongjungt'ang*
 sauna b. *ssauna mogyok*
 Turkish b. *T'ŏŏk'i mogyok*
bathing cap *suyŏng moja*
bathing suit *suyŏngbok*
bath mat *mogyokt'ang yong maet'ŭ*
bathrobe *hwajangbok*
bathroom *mogyoksil*
bathroom sink *mogyoksil semyŏndae*
bath towel *mogyok t'aol*
bathtub *mogyokt'ong*
batter (cooking) *panjuk*
battery (car) *patteri*
 storage b. *ch'ukchŏnji*
battery (flashlight, transistor, etc.) *patteri*
bay (body of water) *man*
beach *haebyŏn ka*

beads (necklace) *kusul mokkŏri*
beam(car): high b. *sanghyang rait'ŭ*
 low b. *robim*
bean curd *tubu*
beans (dried) *k'ong*
 string b. *sŭt'ŭring pinju*
bean sprouts *k'ong namul*
beard *suyŏm*
beater (whisk) *ch'ŏlsaro mandŭn kŏp'um naenŭn kigu*
beautiful *arŭmdaun*
beauty shop *miyongwŏn* (see also p. 162, At the Beauty Shop)
Be careful! *Chosim hase yo!*
because *waenya hamyŏn*
becoming: Is it b.? *Chal ŏullimnikka?*
 It's not very b. *Pyŏllo an ŏullimnida.*
 It's very b. *P'ŏk mome ŏullimnida.*
bed *ch'imdae*
 double b. *tabul ch'imdae*
 double-decker bunks *ich'ŭng ch'imdae*
 single b. *irinyong ch'imdae*
 twin b. *ssang ch'imdae*

bedding *ibujari*
bedridden *nuwŏman innŭn*
bedroom *ch'imsil*
bed sheet *ch'imdae hoch'ŏng*
bedspread *ch'imdae changsigyong k'aba*
bee *kkulbŏl*
beef *so kogi*
 corned b. *sogŭme chŏrin so kogi*
 ground b. *karŭn so kogi*
 roast b. *rosŭt'ŭ pihu*
beef bouillon *so kogi malgŭn kuk*
beef liver *so kogi kan*
beefsteak *pihu sŭt'eik'ŭ*
beer *maekju*
 a bottle of b. *maekju han pyŏng*
 a glass of b. *maekju han koppu*
 bottled b. *pyŏng maekju*
 draft b. *saeng maekju*
beer glass *maekju koppu*
beer hall *ppiŏ hol*
beet *sat'ang muu*
beginning (the) *sijak*
Be good! (to a child) *Mal chal tŭrŏ!*
behind (buttocks) *kungdeng'i*
behind (in the back) *twi*

behind — birthday

behind (the) ... *e twi e*
belch (a) *t'ŭrim*
bell: doorb. *ch'oinjong*
bellboy *hot'el ppoi*
below *arae jjok*
below (the) ... *e arae jjok*
belt *hyŏktae*
belt buckle *hyŏktae kori*
bench *pench'i*
Be patient! *Ch'amŭsipsiyo!*
Be quick! *Ppalli!*
Be quiet! *Choyong hi!*
berth: lower b. *arae ch'imdae*
 upper b. *wit ch'imdae*
best: It's the b. *Cheil choŭn kŏsimnida.*
best man (wedding attendant) *sillang tŭllŏri*
bestseller (book) *paesŭt'ŭ ssaellŏ*
better: Do you feel b.? *Kibuni chom naajisyŏssŭmnikka?*
 I feel b. *Kibuni chom naajŏssŭmnida.*
 I want something b. *Chom tŏ choŭn kŏs ŭro chuse yo.*
 That's b. *Kuge tŏ chosŭmnida.*
 Which one is b.? *Ŏnŭ kŏsi tŏ chosŭmnikka?*

between (the) ... *sai e*
 in b. *e sai e*
bias binding *paiasŭ mukkŭm*
bib (child's) *t'ŏkppaegi*
Bible *Sŏnggyŏng*
bicarbonate of soda *chungt'ansan soda*
bicycle *chajŏn'gŏ*
bicycle riding *chajŏn'gŏ t'agi*
bid (in bridge) *pidŭ*
bifocals *ijung ch'ojŏm an'gyŏng*
big *k'ŭn*
 too b. *nŏmu k'ŭn*
bigger: I want something b. *Chom tŏ k'ŭn kŏs ŭro chuse yo.*
bill (account) *kesan*
binding: bias b. *paiasŭ mukkŭm*
 ski b. *sŭk'i e pal mukkŭm*
binoculars *manwŏn'gyŏng*
bird *sae*
birdcage *saejang*
birth certificate *hojŏk ch'obon*
birthday *saengil*
 Happy B.! *Saengil ch'ukka hamnida!*
 My b. is on ... *Chŏ e*

birthday party — **bonnet**

saengirŭn ... imnida.
When is your b.? Saengil i ŏnje imnikka?
birthday party saengil chanch'i
birthmark samagwi
biscuit bisŭk'et
bite: Does he (the dog) b.? Kŭ kae saram mumnikka?
Be careful! He b. Chosim hase yo! Kŭ kae saram mumnida.
bitter (taste) ssŭn
black kŏmŭn
black & white film hŭkpaek p'illim
black coffee puraek k'ŏp'i
blackhead yŏdŭrŭm
bladder panggwang
blade (knife, razor, tool) nal
blame: I don't b. you. Namuraji ansŭmnida.
blanket tamyo
  electric b. chŏn'gi tamyo
bleach (for hair) mŏri e muldŭrim
bleach (laundry) ppallae p'yopaek
bleeding: I'm (it's) b. P'i ka namnida.

blind (window) ch'angmun ch'ayang
blind (sightless) nuni mŏn
  color b. saengmaeng
blister sup'o
block (city) siga kuhoek
blond kŭmbal
blood p'i
blood pressure hyŏrap
bloodshot eyes hyŏrani toen nun
blouse purausŭ
blue p'urŭn
blunt (of a knife) mudin
board: cutting b. k'aldoma
  duplicate bridge b. tyup'ŭrik'eit'ŭ podŭ
boarding school kisuk hakkyo
bobby pin mŏri silp'in
bobby socks jjalbŭn yangmal
body (human) mom
body (car) ch'ach'e
boil (skin infection) chonggi
boiled potato salmŭn kamja
bolt (hardware) pitchangsoe
bonds (securities) yuga chŭnggwŏn
bone ppyŏ
bonnet (child's) adong moja
bonnet (car) pponnet

Bon Voyage! — bowling alley

Bon Voyage! *Pong Poyaji!*
book *ch'aek*
  address b. *chusorok*
  note b. *kongch'aek*
bookcase *ch'aekchang*
bookends *ch'aek seuge*
book jacket *ch'aek k'aba*
bookkeeper *changbu kewŏn*
bookmark *sŏp'yo*
bookstore *sŏjŏm*
bootie (baby shoe) *aegi kudu*
boot(s) *changhwa*
  riding b. *sŭngmayong changhwa*
  rubber b. *komu changhwa*
  ski b. *sŭk'iyong changhwa*
bored: I'm b. *Chaemiga ŏpsŭmnida.*
boredom *kwŏnt'aejŭng*
born: I was b. in . . . *T'aesaengji ka . . . imnida.*
  Where were you b.? *T'aesaengji ka ŏdi'simnikka?*
borrow: I want to b. . . . *. . . chom pillyŏ chusipsiyo.*
  May I b. this? *I kŏt chom pillil su issŭmnikka?*
bosom *kasŭm*
boss *posŭ*
botanical garden *singmurwŏn*

both (persons) *tu saram ta*
both (things) *tu kae ta*
bother: Don't b. *Kwanch'ansŭmnida.*
  What a b! *Ai kwich'ana!*
bottle *pyŏng*
  a b. of . . . *han pyŏng*
  nursing b. *agi uyupyŏng*
bottle cap *pyŏng magae*
bottled beer *pyŏng maekju*
bottled gas *p'ŭrop'an kkaesŭ*
bottle opener *pyŏng magae ttagae*
bottom *mit padak*
  on the b. *mit padak e*
Bottoms up! *Jjuk tŭpsida!*
bouillon (soup) *malgŭn kuk*
bourbon *pŏrubon*
bow (of a ship) *paenmŏri*
bow (salutation) *chŏl*
bow (knot) *nabimaedŭp*
bowel movement *taebyŏn*
bowl (deep dish) *k'ŭn taejŏp*
  a b. of . . . *han taejŏp*
  salad b. *salladŭbol*
  soup b. *kukdaejŏp*
  sugar b. *sŏlt'ang kŭrŭt*
bowlegged *anggabari*
bowling *polling*
bowling alley *polling kyŏnggijang*

bowling ball *pollingbol*
box *sangja*
  a b. of ... *han sangja*
boxer (pugilist) *kwŏnt'uga*
boxing *kwŏnt'u*
box lunch (K.) *tosirak*
box office *p'yo p'annŭn kot*
boy *sonyŏn*
bra *purajyŏ*
  padded b. *sogŭl taen purajyŏ*
bracelet *p'alch'i*
braids (hair) *ttaŭn mŏri*
brake *puraek'i*
  foot b. (car) *puraek'i*
  hand b. (car) *haendŭ puraek'i*
brake rod (car) *haendŭ puraek'i charu*
branch office *chisa*
branch store *chijŏm*
brandy *puraendi*
brass *nossoe*
brassiere *purajyŏ*
brass polish *nossoe ttangnŭn yak*
brat (naughty child) *mot toen nyŏsŏk*
brave *yonggam han*
bread *ppang*
  a loaf of b. *ppang han tŏngŏri*
  a piece of b. *ppang han chogak*
  a slice of b. *ssŏn ppang han chogak*
  French b. *Pullansŏ ppang*
  raisin b. *kŏnp'odo ppang*
  rye b. *homil ppang*
  stale b. *kudŭn ppang*
  toasted b. *t'osŭt'ŭ*
  white b. *hin ppang*
  whole-wheat b. *holwit'ŭ ppang*
bread & butter *ppang kwa ppada*
bread crumbs *ppang pusŭrŏgi*
break: Did it b.? *Kkae jyŏssŭmnikka?*
  How did it b.? *Ŏttŏkhe kkaejyŏssŭmnikka?*
breakable *kkaejigi swiun*
breakfast *ach'im siksa*
breakfast time *ach'im siksa sigan*
breast (woman's) *chŏkkasŭm*
breath *sum*
  Are you out of b.? *Sum i ch'amnikka?*
  I'm out of b. *Sum i ch'amnida.*

brick 22 **brother-in-law**

Take a deep b. *Sum ŭl k'ŭge swise yo.*
brick *pyŏktol*
bride *sinbu*
bridesmaid *sinbu tŭllŏri*
bridge (span) *tari*
bridge (false teeth) *puriji*
bridge (card game) *puriji keim*
bridge party *puriji p'at'i*
bridle path *chobŭn kil*
brief *kangyŏrhan*
briefcase *sŏryu kabang*
bright (intelligent) *ttokttok han*
bright (with intense light) *palgŭn*
Bring me ..., please. ... *chom katta chusipsiyo.*
Bring me some (more)..., **please.** ... *chom (tŏ) kajŏ ose yo.*
Bring me the check, please. *Kesansŏ chom kajŏ ose yo.*
Bring separate checks, please. *Kesansŏ ttaro ttaro mandŭrŏ chuse yo.*
British (citizen) *Yŏngguk saram*
British (made in Britain) *Yŏnggukche*
British Consulate *Yŏngguk Yŏngsagwan*
British Embassy *Yŏngguk Taesagwan*
British Isles *Yŏngguk Pont'o*
broccoli *purok'olli*
broken: Is it b.? (damaged) *Kkaejyŏssŭmnikka?*
  Is it b.? (out of order) *Kojang nassŭmnikka?*
  It's b. (damaged) *Kkaejyŏssŭmnida.*
  It's b. (out of order) *Kojang nassŭmnida.*
broken arm *purŏjin p'al*
broken leg *purŏjin tari*
bronchitis *kigwan chiyŏm*
bronze *ch'ŏngdong*
brook *kaeul*
broom *pi*
  whisk b. *yangboksol*
brother (your older) *hyŏngnim*
  (your younger) *tongsaeng*
  (my older) *chŏe hyŏng*
  (my younger) *chŏe tongsaeng*
brother-in-law (your wife's brother) *ch'ŏnam toesinŭn pun*

brown 23 **busy**

(your sister's husband) *maebu toesinŭn pun*
(my wife's brother) *chŏe ch'ŏnam*
(my sister's husband) *chŏe maebu*
brown *kalsaek*
brown sugar *nurŭn sŏlt'ang*
bruise *mŏng*
brunette *purŭnet'ŭ*
brush *sol*
  clothes b. *ot sol*
  hairb. *mŏrissol*
  lipstick b. *rujyu purŏswi*
  shaving b. *myŏndo sol*
  shoeb. *kudu sol*
  toothb. *ch'issol*
Brussels sprouts *Purassolsŭ sŭp'ŭraŭt'ŭ*
bubble *kŏp'um*
bucket *pakkejjŭ*
buckle: belt b. *hyŏktae kori*
Buddhism *Pulgyo*
Buddhist (a) *Pulgyo Sinja*
budget *yesan*
buffet (sideboard) *ch'anjang maru*
buffet (supper) *pŏp'e dinŏ*
bug *pŏlle*
building *pilding*
  apartment b. *ap'at'ŭ pilding*
  office b. *op'isŭ pilding*
bulb: flower b. *hwach'o kugyŏng*
  light b. *chŏn'gu*
bump (a) *putitch'im*
bumper (car) *pamba*
bunks (double-decker) *ich'ŭng ch'imdae*
bureau (furniture) *changnong*
burglar *toduk*
burn: Don't b. yourself! *Tiji maldorok hase yo!*
  I burned myself. *Tiŏssŭmnida.*
burp (a) *t'ŭrim*
bus *ppŏsŭ*
  sightseeing (tour) b. *kwan'gwang ppŏsŭ*
bus driver *ppŏsŭ unjŏnsu*
business: What b. are you in? *Musŭn saŏp ŭl hasimnikka?*
business card *ŏmmuyong myŏngham*
businessman *saŏpka*
business trip *ch'uljang*
bus stop *ppŏsŭ chŏngnyujang*
busy: Are you b.? *Pappŭsimnikka?*

butcher 24 **Call a doctor**

I'm b. *Chom pappŭmnida.*
I'm not b. *Pappŭji ansŭmnida.*
butcher *p'uju*
butcher shop *p'ujugan*
butter *ppada*
butter dish *ppada chŏpsi*
buttermilk *pŏt'ŏ milk'ŭ*

buttocks *kungdeng'i*
button *tanch'u*
buttonhole *tanch'u kumŏng*
buy: I want to b. ... ...*sago sipsŭmnida.*
Where can I b. ...? ...*ŏdi sŏ sal su issŭmnikka?*
by (near the) ... *e yŏp e*

C

cab (taxi) *t'aeksi*
cabaret *k'abare*
cabbage *tunggŭn paech'u*
a head of c. *tunggŭn paech'u han t'ong*
cabin (ship) *sŏnsil*
cabinet: kitchen c. *puŏk ch'anjang*
medicine c. *yakchang*
cabin number *sŏnsil pŏnho*
cable (message) *chŏnbo*
Where can I send a c.? *Chŏnbo nŭn ŏdi esŏ ch'imnikka?*
caddie (golf) *k'aedi*
Caesarean section *chewang chŏlgae susul*

cake *k'ek'ŭ*
a piece (slice) of c. *k'ek'ŭ han chogak*
chocolate c. *ch'ok'orett'ŭ k'ek'ŭ*
sponge c. *sŭp'onji k'ek'ŭ*
wedding c. *weding k'ek'ŭ*
white c. *hwait'ŭ k'ek'ŭ*
cake of ice *ŏrŭm han tŏngŏri*
cake of soap *tŏngŏri pinu*
cake plate *k'ek'ŭ chŏpsi*
cake powder (cosmetic) *k'ek'ŭ p'audŏ*
cake tin *k'ek'u kumnŭn kŭrŭt*
calendar *tallyŏk*
calf (leather) *songaji kajuk*
Call a doctor, please. *Ŭsa*

Call a policeman   25   **caramel candy**

chom pullŏ chuse yo.
Call a policeman, please.
   Sun'gyŏng chom pullŏ chuse yo.
Call me a taxi, please.
   T'aeksi chom pullŏ chuse yo.
called: What is this c. in Korean? *I kŏt han'gungmal lo muŏrago hamnikka?* (see also p. 160, General Shopping Phrases)
calm (placid) *koyo han*
camellia *tongbaek*
camera *k'amera*
   movie c. (portable) *mubi k'amera*
camera shop *k'amera sangjŏm*
camp (mil.) *chinyŏng*
can (of food, etc.) *t'ongjorim*
   a c. of … *t'ongjorim han t'ong*
   empty c. *pin t'ongjorim t'ong*
can: C. you do it? *Hal su issŭmnikka?*
   I c. do it. *Hal su issŭmnida.*
   I can't do it. *Hal su ŏpsŭmnida.*

You c. do it. *Hal su issŭmnida.*
Canada *K'anada*
Canadian (citizen) *K'anada Saram*
Canadian (made in Canada) *K'anadaje*
Canadian Embassy *K'anada Taesagwan*
cancellation *ch'wiso*
cancer *am*
candelabra *k'aendullabŭra*
candle *ch'o*
candlestick *ch'ottae*
candy *sat'ang*
   caramel c. *k'yaramel*
   chocolate c. *ch'ok'orett'ŭ k'aendi*
candy bar *k'aendiba*
cane (walking stick) *chip'aengi*
can opener *t'ongjorim t'ong ttagae*
canter (a) *kubo*
cap (headgear) *k'aep*
cap: bottle c. *pyŏng magae*
capsule (pill) *k'aepsyul*
captain (of a ship) *sŏnjang*
car (automobile) *chadongch'a*
car (RR) *kaekch'a*
caramel candy *k'yaramel*

carbon copy k'abon k'ap'i
carbon paper k'abonji
carburetor k'yabŭreda
card: business c. ŏmmuyong myŏngham
  credit c. sinyong k'adŭ
  playing c. (W.) t'ŭrŏmp'u (K.) hwat'u
cardboard box p'anji sangja
cardigan k'adigan
car door ch'amun
card table k'adŭ t'ebul
care: I don't c. Sanggwan an hae yo.
careful: Be c.! Chosim hase yo!
carnation k'aneisyon
carp pungŏ
carpenter moksu
carpet yangt'anja
carpet sweeper yangt'anja sojegi
carport ch'ago
car radiator ch'a rajiet'a
car registration ch'a tŭngnok
carriage: baby c. yumoch'a
carrot hongdangmu
carving knife sikt'angyong kogi ssŏnŭn k'al
carving set sikt'angyong kogi ssŏnŭn naip'ŭ wa hwŏk'u
cash hyŏn'gŭm
cashier (restaurant) k'aeswiŏ
casserole (meat or fish cooked with vegetables in a pot) k'aesŏro
cast (for a broken bone) kibusŭ
castle sŏng
cat koyangi
Catholic (a) K'at'ollik
catsup k'aech'ap
cauliflower k'ollihurawŏ
ceiling ch'ŏnjang
celery sserŏri
cellar chihasil
cellophane sellop'an
cello (scotch) **tape** sŭk'ach'i t'ep'ŭ
cement sement'ŭ
cemetery kongdong myoji
centimeter ssench'imet'a
cereal (breakfast food):
  cooked c. ot'ŭmil
  dry c. ssiŏriŏ
ceremony ŭisik
Certainly! (I will!) T'ŭllim ŏpsi!
Certainly! (That's right!) Olsŭmnida!
certificate of vaccination

chafing dish   27   **checkroom**

yebang chusa chŏpchong chŭngmyŏngsŏ
chafing dish pot'ong nambi
chains (car) ch'ein
chain store yŏnsoejŏm
chair ŭja
   armc. allak ŭja
   deck c. kapp'an ŭja
   folding c. chŏmnŭn ŭja
   rocking c. hŭndŭl ŭja
   wheel c. pak'wi ŭja
chambermaid yŏgwan e hanyŏ
champagne syamp'eng
chandelier syaendŏlliŏ
change (money) chandon
   Do you have c.? Chandon issŭmnikka?
   Here's your (some) c. Kŏsŭrŭm ton yŏgi issŭmnida.
   I have c. Chŏ ege chandon issŭmnida.
   I haven't any c. Chandon i hanado opsŭmnida.
   small c. chandon
changeable pyŏn hagi swiun
changed: Have you c. your mind? Saenggag i pyŏn hassŭmnikka?
   I've c. my mind. Saenggag i pyŏn hassŭmnida.
channel (TV) ch'anel
charcoal sut
charge: C. it, please. Oesang ŭro chuse yo.
   How much do you c.? Ŏlma'mnikka?
charge account oesang kŏrae kejŏng
charming maerŏkchŏgin
chauffeur chagayongch'a unjŏnsu
cheap ssan
cheaper: I want something c. Chom tŏ ssan kŏs ŭro chuse yo.
check (amount owed at restaurant or bar) kesansŏ
   Bring me the c., please. Kesansŏ chom kajŏ ose yo.
   Bring separate c., please. Kesansŏ ttaro ttaro mandŭrŏ chuse yo.
check (bank) sup'yo
checkbook sup'yoch'aek
checking account tangjwa yegŭm
check-out time (hotel) ch'ek'u aut t'aim
checkroom ch'ek'ŭrum

cheddar cheese *ch'eda ch'ijŭ*
cheek *ppyam*
Cheer up! *Kibun ŭl naese yo!*
cheese *ch'ijŭ*
  cheddar c. *ch'eda ch'ijŭ*
  cottage c. *k'aet'eji ch'ijŭ*
  cream c. *k'ŭrim ch'ijŭ*
  Swiss c. *Sŭwisŭ ch'ijŭ*
cheese sandwich *ch'ijŭ ssaendŭwich'i*
cherry *potjji*
cherry blossoms *potjji kkot*
cherry tree *potjji namu*
chest (of drawers) (K.) *otchang*, (W.) *sŏrap otchang*
chest (part of the body) *kasŭm*
chestnut *pam*
chewing gum *kkŏm*
  a pack of c. g. *kkŏm han t'ong*
chic *mŏtchaengi*
chicken (live) *tak*
chicken (meat) *tak kogi*
  fried c. *hurai ch'ik'ing*
  roast c. *rosŭt'u ch'ik'ing*
chicken livers *tak kogi kan*
chicken pox *suduch'ang*
chicken salad *tak kogi saladŭ*
chicken sandwich *ch'ik'ing ssaendŭwich'i*
chicken soup *ch'ik'ing sŭp'ŭ*
child *ai (see also p. 174, Instructions for Child Care)*
childbirth *punman*
childish *yuch'i han*
childless *mujasik*
chilled *naengdong han*
chills: I have c. *Ohan i namnida.*
chilly: It's c. *Nalssi ka ssalssal hamnida.*
chimney *kulttuk*
chin *t'ŏk*
China: Communist C. *Chunggongguk*
  Nationalist C. *Chayu Chungguk*
china (porcelain) *sagi kŭrŭt*
china shop *sagijŏm*
Chinese (citizen) *Chungguk Saram*
Chinese (made in China) *Chunggukche*
chocolate *ch'ok'orett'ŭ*
  a bar of c. *ch'ok'orett'ŭ pa han kae*
  hot c. *hat ch'ok'orett'ŭ*

chocolate cake *ch'ok'oret-t'u k'ek'ŭ*
chocolate candy *ch'ok'oret-t'ŭ k'aendi*
chocolate ice cream *ch'ok'orett'ŭ aisŭ k'ŭrim*
chocolate milk *ch'ok'orett'ŭ milk'ŭ*
chocolate pie *ch'ok'orett'ŭ p'ai*
choir *hapch'angdae*
chop (cut of meat) *ch'yap*
  lamb c. *raembu ch'yap*
  pork c. *p'ŏk'ŭ ch'yap*
  veal c. *piŏ ch'yap*
chopsticks *chŏkkarak*
chorus *hapch'ang*
chorus girl *k'orasŭ kŏl*
Christian (a) *Kidokkyo Sinja*
Christianity *Kidokkyo*
Christmas *K'ŭrisŭmasŭ*
  Merry C.! *Meri K'ŭrisŭmasŭ!*
Christmas card *K'ŭrisŭmasŭ k'adu*
Christmas Eve *K'ŭrisŭmasŭ Chŏnnalbam*
Christmas tree *K'ŭrisŭmasŭ ch'yuri*
Christmas vacation *K'ŭri-sŭmasŭ hyuga*
chrysanthemum *kukhwa*
church *kyohoe*
cigar *ssiga*
cigarette *tambae*
  a pack of c. *tambae han kwak*
  May I have a c.? *Tambae chusigessŭmnikka?*
  Will you have a c.? *Tambae pisigessŭmnikka?*
cigarette holder *kwŏllyŏn p'aip'ŭ*
cigarette lighter *rait'a*
cinema *yŏnghwagwan*
cinnamon *kip'i*
circle *wŏn*
circus *ssŏk'ŏsŭ*
city *tosi*
city office *sich'ŏng*
clam *chogae*
class: 1st-c. coach *ildŭng ch'akkan*
  2nd-c. coach *idŭng ch'akkan*
clean *kkaekkŭt han*
cleaner (shop) *tŭrai k'ŭrining chip*
cleanser (scouring powder) *kŭrŭt tangnŭn yak*
cleansing cream (cosmetic)

| clear | 30 | coal |

    k'ŭrinsing k'ŭrim
clear (transparent) *malgŭn*
clear (understandable) *ara tŭrŭl su innŭn*
clear (weather) *malgŭn nalssi*
clearing: The weather is c. *Nalssi ka kaeimnida.*
clergyman *moksa nim*
clerk (office) *sŏgi*
clerk (shop) *chŏmwŏn*
clever *yagŭn*
clinic *chiryoso*
clip: paper c. *chongi chipke*
clippers (for hedge, etc.) *chŏngwŏn kawi*
clippers (for nails) *sont'op kkakke*
clock *sige*
    alarm c. *chamyŏngjong*
cloisonné *ch'ilbo chagi*
close: C. the door (window). *Mun (ch'angmun) chom tada chuse yo.*
    Is it closed? *Tadassŭmnikka?*
    It's closed. *Tadassŭmnida.*
    What time does it c.? *Messi e tassŭmnikka?*
close-by *paro kakkaun kos e*
closet *pyŏkchang*

close to ... *e yŏp'e*
cloth *ch'ŏn*
    a yard of c. *ch'ŏn han ma*
    dishc. *marŭn haengju*
    face c. *mulsugŏn*
clothes (K.) *hanbok*
clothes (W.) *yangbok*
    ready-made c. *kisŏngbok*
    ready-to-wear c. *kyugyŏge match'uŏ mandŭn ot*
clothes brush *ot sol*
clothes dryer *ppallae mallinŭn kige*
clothes hanger *ot kŏri*
clothesline *ppallae chul*
clothespin *ppallae jjipkae*
cloud *kurŭm*
cloudy: It's c. *Nalssi ka hŭryŏssŭmnida.*
clove *chŏnghyang*
club (card suit) *k'ŭllŏp*
clumsy: Don't be c. (to a child) *Ttokparo hae.*
    I'm c. *P'ŏk sŏt'urŭmnida.*
clutch (car) *k'ŭllŏch'i*
clutch pedal (car) *k'ŭllŏch'i p'aedal*
coach (RR) *kaekch'a*
    1st class c. *ildŭng kaekch'a*
    2nd class c. *idŭng kaekch'a*
coal *sŏkt'an*

coat

a ton of c. *sŏkt'an han t'on*
charc. *sut*

coat *k'ot'ŭ*
fur c. *mop'i k'ot'ŭ*
overc. *oba k'ot'ŭ*
rainc. *pi ot*
suit c. *sŭjjŭ k'ot'ŭ*

cockroach *silsiri*
cocktail (drink) *k'akt'el*
cocktail glass *k'akt'el kŭrasŭ*
cocktail party *k'akt'el p'at'i*
cocoa *k'ok'oa*
C.O.D. (cash on delivery) *taegŭm inhwan*
coffee *k'ŏp'i*
a cup of c. *k'ŏp'i hanjan*
black c. *puraek k'ŏp'i*
iced c. *aisu k'ŏp'i*
instant c. *karu k'ŏp'i*

coffee cup *k'ŏp'i k'ŏp*
coffeepot *k'ŏp'i chujŏnja*
coffee shop *tabang*
coffee table *k'ŏp'i t'ebul*
coffee with cream *k'anaesyon ŭl tan k'ŏp'i*
coffin *kwan*
cognac *kkonyak*
coin *tongjŏn*
cold (a) *kamgi*
Do you have a c.? *Kamgi ka tŭsyŏssŭmnikka?*
I have a c. *Kamgi ka tŭrŏssŭmnida.*

cold (of persons, weather) *ch'un*
Are you c.? *Ch'upsumnikka?*
I'm c. *Ch'uumnida.*
I'm not c. *Ch'upji ansŭmnida.*
Is it c. out? *Pakke nalssi ka ch'upsŭmnikka?*
It's c. out. *Pakke nalssi ka ch'upsŭmnida.*
It's not c. out. *Pakke nalssi nŭn ch'upji ansŭmnida.*

cold (of things) *ch'an*
Is it c.? *Ch'agŏumnikka?*
It's c. *Ch'agŏumnida.*
It's not c. *Ch'agŏpji ansŭmnida.*

cold cream *k'oldŭ k'ŭrim*
cold cuts (lunch meats) *rŏnch'i mit'ŭ*
cold water *naengsu*
coleslaw *k'ool sŭrŏ*
collar *k'ara*
dog c. *kae mokkŏri*
collision *ch'ungdol*
color *saekkal*
colorblind *saengmaeng*

color film *k'alla p'illim*
color rinse (for the hair) *k'alla rinsŭ*
comb *mŏri pit*
come: Are you coming (with me)? *Kach'i kasigessŭmnikka?*
 I'm coming. *Omnida.*
 I'm not coming. *An omnida.*
 Where do you c. from? *Kohyang i ŏdi'simnikka?*
Come again! *Tto osipsiyo!*
Come back! *Tora ose yo!*
Come back soon! *Kot tora ose yo!*
Come down! *Naeryŏ ose yo!*
Come here! *Iri wa yo!*
Come in! *Tŭrŏ ose yo!*
Come on! (Hurry!) *Ppalli!*
Come quickly! *Ppalli ose yo!*
comedian *higŭk paeu*
comedy *higŭk*
comfortable *p'yŏnan han*
 Make yourself c. *P'yŏnhi anjŭsipsiyo.*
comics *manhwa*
commanding officer *pudaejang*
common (unrefined) *seryŏn an toen*
common (ordinary) *pot'ong e*
common-law marriage *pot'ong pŏpsang e kyŏrhon*
common sense *sangsik*
common stock *pot'ongju*
compact (for face powder) *k'omp'aek*
company (business firm) *hoesa*
company (guests) *sonnim*
concert *ŭmakhoe*
concert hall *ŭmak hoegwan*
condensed milk *yŏnyu*
conditioner (for skin or hair) *k'ondisyŏnŏ*
conductor (train) *kich'a ch'ajang*
cone: ice cream c. *aisŭ k'ŭrim k'ŏp kwaja*
Congratulations! *Ch'ukha hamnida!*
conscious: He (she) is c. *Usigi i tŭrŏssŭmnida.*
constipation *pyŏnbijŭng*
consul *yŏngsa*
consulate *yŏngsagwan*
contagious disease *chŏnyŏmbyŏng*

conversation   33   **coward**

conversation *hoehwa*
  English c. school *Yŏngŏ hoehwa hagwŏn*
cook (food preparer) *yorisa*
cookbook *yori ch'aek*
cooked cereal *ot'ŭmil*
cookie *kwaja*
cookie sheet *kwaja kumnŭn p'an*
cool *sŏnsŏn han*
copy (a) *k'ap'i*
cork *k'orŭk'ŭ*
corkscrew *k'orŭk'ŭ magae ppaenŭn kigu*
corn (callous) *mot*
corn (grain) *oksusu*
corned beef *sogŭme chorin so kogi*
corner: around the c. *kil mot'ung'i*
  in the c. *mot'ungi an e*
  on the (street) c. *kil mot'ungi e*
cornmeal *kan oksusu karu*
corn on the cob *oksusu*
cornstarch *oksusu chŏnbun*
corporation *chusik hoesa*
corpse *sich'e*
correct (exact) *chŏnghwak han*
cost: How much does it c.?
  Kapsi ŏlma'mnikka?
  That costs too much.
  Nŏmu pissamnida.
cottage cheese *k'aet'eji ch'iju*
cotton (material) *myŏnjik*
  absorbent c. *t'aljimyŏn*
cotton thread *mumyŏng sil*
cough (a) *kich'im*
  I have a c. *Kich'im i namnida.*
cough drop *k'op'ŭ tŭrop*
cough syrup *kich'im yak*
country (nation) *nara*
country: in the c. *sigol e*
couple (a married) *pubu*
couple (several) *tusŏnŏ kae*
course: Of c.! (I will!) *T'ŭllim ŏpsi!*
  Of c.! (That's right!) *Mullon ijo!*
court: tennis c. *chonggujang*
court (of law) *pŏbwŏn*
courteous *kongson han*
cousin (your) *sach'on toesinŭn pun*
  (my) *chŏe sach'on*
cover (lid) *ttukkŏng*
cover charge *ssŏbisŭ kap*
cow *so*
coward *kŏpchaengi*

crab 34 curtain

crab *ke*
cracker *k'ŭraekk'ŏ*
cramp (pain) *chint'ong*
cream *k'ŭrim*
   cold c. *k'oldŭ k'ŭrim*
   ice c. *aisŭ k'ŭrim*
   whipped c. *wiptŭ k'ŭrim*
cream cheese *k'ŭrim ch'ijŭ*
cream pitcher *k'ŭrim kŭrŭt*
cream puff *syu k'ŭrim*
credit *oesang*
   letter of c. *sinyong jang*
credit buying *oesang maemae*
credit card *sinyong k'adu*
crib (baby) *aegi ch'imdae*
cripple (a) *pyŏngsin*
crochet cotton *myŏnsa ttŭgae sil*
crochet hook *kalguri panŭl*
crooked: It's c. *Ppitturŏ chyŏssŭmnida.*
crossing (RR) *ch'ŏlto kŏnnŏlmok*
crosswalk *hoengdanno*
crossword puzzle *k'ŭrosŭ wŏdŭ p'ŏjŭl*
crowd *kunjung*
crowded: It's c. *Manwŏn imnida.*
   Will it be c.? *Manwŏni toel*
kŏt kassŭmnikka?
crude (person) *yamanjŏgin*
crust (pie) *k'ŭrŏsŭt'ŭ*
crutch *chip'angi*
cry: Don't c.! *Ulji marŏ!*
cucumber *oi*
cuff links *k'ŏp'ŭring*
cup: a c. of (coffee, tea, etc.)
   ... *hanjan*
   a measuring c. *punnyang chaenŭn k'ŏp*
   a measuring c. of ...*punnyang chaenŭn k'ŏp ŭro han k'ŏp*
   coffee c. *k'ŏp'i k'ŏp*
   teac. (K.) *ch'a jan,* (W.) *k'ŏp'ijan*
cup & saucer *k'ŏp kwa pach'im chŏpsi*
cupboard *ch'anjang*
curio (antique) *koltongp'um*
curio shop *koltongp'umjŏm*
curious: Aren't you c.?
   Hogisim i an nasimnikka?
   How c.! *Sin'gi hae yo!*
   I'm c. *Hogisim i namnida.*
curly hair *kopsŭl mŏri*
curry powder *k'are karu*
curtain (shower) *syawa k'ŏt'in*
curtain (window) *ch'angmun*

courtain rod   35   **day**

k'ŏt'in
curtain rod *k'ŏt'in kŏnŭn tae*
cushion *pangsŏk*
custard *k'asŭt'adŭ*
custard pie *k'asŭt'adŭ p'ai*
customer *sonnim*
customs *segwan*
customs declaration form *segwan sin'go kojisŏ*
customs duty *kwanse*
customs office *segwan*
customs officer *segwan kwalli*
cut: Did you c. yourself? *Tach'isyŏssŭmnikka?*
  Don't c. yourself! *Tach'iji an t'orok chosim hase yo!*
  I've c. myself here. *Yŏgi lŭl tach'yŏssŭmnida.*
cute *kwiyŏun*
cutlet *k'at'ŭrett'u*
cutting board *k'aldoma*

D

daddy *appa*
daily *maeil*
daisy *tŭlgukhwa*
damp *ch'ukch'uk han*
dance (ball) *ttaensŭ p'at'i*
dancing *ttaensŭ*
dandruff *pidŭm*
dangerous *wihŏm han*
dark *ŏduun*
dark glasses *saegan'gyŏng*
darker: I want something d. *Chom tŏ kŏmŭn kŏs ŭro chuse yo.*

Darn it! *Ai ch'am!*
dashboard (car) *taesibodŭ*
date (fruit) *teit'ŭ*
date (engagement) *yaksok*
date (with boy or girl friend) *teit'ŭ*
daughter (your) *ttanim*
  (my) *chŏe ttal*
daughter-in-law (your) *myŏnunim*
  (my) *chŏe myŏnuri*
dawn *saebyŏk*
day *nal*

day after tomorrow 36 **departure time**

all d. *haru chongil*
during the d. *naje*
every d. *maeil*
holid. *hyuil*
It's a bad d. *Nalssi ka nappŭmnida.*
It's a nice d. *Nalssi ka chosŭmnida.*
once a d. *haru e han pŏn*
the d. before *kŭjŏnnal*
the first d. *ch'ŏnnal*
the last d. *majimak nal*
the other d. *myŏch'il chŏne*
three times a d. *haru e se pŏn*
twice a d. *haru e tu pŏn*
weekd. *p'yŏng il*
day after tomorrow *more*
day before yesterday *kŭjŏkke*
daybreak *saebyŏk*
daydream *kongsang*
daylight *haeppit*
day nursery *t'agaso*
daytime *nat*
in the d. *naje*
dead: He (she) is d. *Kŭ i tora kasyŏssŭmnida.*
Is he (she) d.? *Kŭ i tora kasyŏssŭmnikka?*
Is it (the animal) d.? *Chugŏssŭmnikka?*
dead-end street *maktarŭn kil*
deaf *kwi mŏgŏri*
deaf & dumb *kwi mŏgŏri e pabo*
deal (in card game) *p'ae lŭl nanum*
dealer (in card game) *p'ae lŭl nanunŭn saram*
December *Sibiwŏl*
deck (of cards) *k'adŭ hanbŏl*
deck (of a ship) *kapp'an*
deck chair *kapp'an ŭja*
deep *kip'ŭn*
delicious *masinnŭn*
It's a d. *Aju masissŭmnida.*
deliver: Do you d.? *Paedal hae chumnikka?*
delivery boy *paedalkkun*
delivery truck *paedal t'ŭrŏk*
deluxe *hohwaroun*
dent (a) *jjigŭrŏjim*
dentist *ch'igwa ŭsa*
dentist's office *ch'igwa*
denture *t'ŭl i*
deodorant (underarm) *pangch'wije*
department store *paekhwajŏm*
departure time *ch'ulbal*

dependent 37 **disagree**

sigan
dependent (mil.) *kunin kajok*
deposit account (bank) *yegŭm kejŏng*
deposit money (house rental) *pojŭnggŭm*
desk *ch'aeksang*
dessert *husik*
detergent *pinu karu*
detour *tullŏ kanŭn kil*
dew *isŭl*
diabetes *tangnyobyŏng*
diamond (gem) *taiyamondŭ*
diamond (card suit) *taiyamondŭ*
diaper *kijŏgi*
diarrhea *sŏlsa*
dictionary *sajŏn*
diet (medical) Are you on a d.? *Sigiyobŏp ŭl ch'wi hago kesimnikka?*
I'm on a d. *Sigiyobop ŭl ch'wi hago issŭmnida.*
dieting (to lose weight): Are you d.? *Ch'ejung chojŏng siksa lŭl hasimnikka?*
I'm d. *Ch'ejung chojŏng siksa lŭl hamnida.*
I'm not d. *Ch'ejung chojŏng siksa lŭl an hamnida.*

difference: It doesn't make any d. *Pyŏl ch'ai ka ŏpsŭmnida.*
That makes a d. *Kŭrŏt'amyŏn ch'ai ka saenggimnida.*
What's the d.? *Ch'ai ka muŏs imnikka?*
different: It's d. *Tarŭmnida.*
different one *tarŭn kŏt*
difficult *ŏryŏun*
Korean is a very d. language. *Han'gungmal ŭn p'ŏk ŏryŏumnida.*
dimmer switch (car) *timŏ sŭwitch'i*
dimple *pojogae*
dining car (RR) *siktangch'a*
dining room *siktang*
dining table *sikt'ak*
dinner *chŏnyŏk siksa*
dinner party *tinŏ p'at'i*
dinnertime *chŏnyŏk siksa sigan*
direction *panghyang*
direction signal (car) *kkamppagi*
dirt *tŏroum*
dirty *tŏroun*
disagree: I d. *Chŏ e ŭgyŏn ŭn tarŭmnida.*

discard 38 **do**

discard (in bridge) *pŏrim p'ae*
discothèque *ttaensŭ hol*
discount (a) *hwarin*
disease *pyŏng*
  contagious d. *chŏnyŏmbyŏng*
dish (food) *ŭmsik*
dish (utensil) *kŭrŭt*
dishcloth *marŭn haengju*
disheveled *hŭt'ŭrŏjin mŏri*
dishonest *pujŏngjik han*
dishpan *sŏlgŏji kŭrŭt*
dish rack (for drying) *kŭrŭt mallinŭn ch'ŏlsa t'ong*
dish towel *kŭrŭt mallinŭn haengju*
dishwasher (electric) *kŭrŭt tangnŭn kige*
disinfectant *sodok e*
disobedient *mal an tŭnnŭn*
distributor (car part) *piuda*
ditch *torang*
dividend *paedanggŭm*
diving board *taibingdae*
divorce *ihon*
divorced: Are you d? *Ihon hasyŏssŭmnikka?*
  I'm d. *Ihon hassŭmnida.*
  We're d. *Chŏhi'dŭrŭn ihon hassŭmnida.*

divorcée *ihon han yŏja*
dizzy: Do you feel d.? *Hyŏn'gijŭng i nasimnikka?*
  I feel d. *Hyŏn'gijŭng i namnida.*
do: Can I d. it myself? *Che ka honja haedo toemnikka?*
  Can you d. it? *Hal su issŭmnikka?*
  Can you d. it yourself? *Honja hal su issŭmnikka?*
  D. it again! *Tasi hase yo!*
  D. it right away! *Kot hasipsiyo!*
  I can d. it. *Hal su issŭmnida.*
  I can d. it myself. *Chega honja hal su issŭmnida.*
  I can't d. it. *Hal su ŏpsŭmnida.*
  I can't d. it myself. *Honja hal su ŏpsŭmnida.*
  I want to d. it again. *Tasi hago sipsŭmnida.*
  What am I going to d.? *Ŏttŏkhe hamyŏn choŭl kka yo?*
  What are you doing? *Muŏt hasimnikka?*

doctor | Don't do that!

What are you going to d.? *Ŏttŏkhe hasigessŭmnikka?*
What shall I d.? *Ŏttŏkhe hal kka yo?*
You can d. it yourself. *Honja hasil su issŭmnida.*
You can't d. it yourself. *Honja hasil su ŏpsŭmnida.*
doctor (medical) *ŭsa*
Call a d., please. *Ŭsa chom pullŏ chuse yo.*
doctor's office *pyŏngwŏn*
dog *kae*
dog collar *kae mokkŏri*
dog license *kae tŭngnokp'yo*
doll *inhyŏng*
domestic employment agency *kajŏngbu ch'wijik alsŏnso*
Don't argue! *Chebal tat'uji mase yo!*
Don't be afraid! *Musŏwŏ haji mase yo!*
Don't be angry! *Hwa naeji mase yo!*
Don't be bashful! *Pukkŭrŏwŏ haji mase yo!*
Don't be clumsy! (to a child) *Ttok paro hae!*

Don't be impatient! *Chebal chogŭphi kulji mase yo!*
Don't be late! *Nŭtjji mase yo!*
Don't be long! *Orae kŏlliji mase yo!*
Don't be naughty! (to a child) *Kkabulji marŏ!*
Don't be selfish! (to a child) *Yoksim puriji marŏ!*
Don't be stubborn! (to a child) *Kojip puriji marŏ!*
Don't be surprised! *Nollaji mase yo!*
Don't be too sure! *Nŏmu mitch'i mase yo!*
Don't be upset! *Hŭngbun haji mase yo!*
Don't bother! *Kwaench'ansŭmnida!*
Don't burn yourself! *Tiji maldorok hase yo!*
Don't cry! *Ulji marŏ!*
Don't cut yourself! *Tach'iji an t'orok chosim hase yo!*
Don't do it! *Chebal haji mase yo!*
Don't do it again! *Chebal tasi haji mase yo!*
Don't do that! *Chebal kŭrŏkhe haji mase yo!*

Don't drink it! *Kŭ kŏt masiji mase yo!*

Don't do it! *Kŭ kŏt ttŏrŏ t'ŭriji mase yo!*

Don't fall! *Ttŏrŏ jiji mase yo!*

Don't forget! *Itjji mase yo!*

Don't go! *Kaji mase yo!*

Don't hurry! *Ch'ŏnch'ŏn hi!*

Don't hurt yourself! *Ta-ch'iji an t'orok chosim hase yo!*

Don't leave! *Kaji mase yo!*

Don't lose it! *Irŏ pŏriji mase yo!*

Don't mention it! (You're welcome!) *Ch'ŏnmane yo!*

Don't move! *Umjigiji mase yo!*

Don't push! *Milji mase yo!*

Don't put it away! *Ch'iuji mase yo!*

Don't put it back! *Toru katta noch'i mase yo!*

Don't put it down! *Naeryŏ noch'i mase yo!*

Don't quarrel! *Tat'uji mara!*

Don't run! *Ttwiji mase yo!*

Don't slip! *Mikkŭrŏjiji mase yo!*

Don't spill it! *Hŭlliji mase yo!*

Don't stir it! *Kŭ kŏt hwijŏtjji mase yo!*

Don't take it! *Kŭ kŏt kajŏ kaji mase yo!*

Don't take it back! *Kŭ kŏt toru kajŏ kaji mase yo!*

Don't take it off! *Potjji mase yo!*

Don't tear it! *Kŭ kot jjitjji mase yo!*

Don't tear it up. *Kŭ kŏt pusŭji mase yo!*

Don't tease! *Nolliji mase yo!*

Don't throw it away! *Kŭ kŏt pŏriji mase yo!*

Don't touch it! *Kŭ kŏt manjiji mase yo!*

Don't trip! *Nŏmŏjiji mase yo!*

Don't try it! *Haji mase yo!*

Don't use it! *Kŭ kŏt ssŭji mase yo!*

Don't wait! *Kidariji mase yo!*

Don't wait for me! *Chŏ lŭl kidariji mase yo!*

Don't waste it! *Nangbi haji yo!*

Don't waste   41   **dressmaker**

mase yo!
Don't waste your money! *Ton ŭl nangbi haji mase yo!*
Don't waste your time! *Sigan nangbi haji mase yo!*
Don't worry! *Kŏkchŏng mase yo!*
door: back d. *twinmun*
    car d. *ch'amun*
    Close the d.! *Mun chom tada chuse yo!*
    front d. *ammun*
    Open the d.! *Mun chom yŏrŏ chuse yo!*
    revolving d. *sipcha hoejŏnmun*
    sliding d. *midaji*
    swinging d. *sŭwing toa*
doorbell *ch'oinjong*
door handle (car) *ch'amun sonjabi*
doorknob *mun sonjabi*
doormat *sin ttakke*
doorsill *munjibang*
doorway *hyŏn'gwan*
dose *pogyongyang*
double *tabul*
double bed *tabul ch'imdae*
double boiler (cooking pot) *ich'ŭng naembi*
double exposure *ijung noch'ul*
double room (hotel) *tabul*
dough (pastry) *panjuk*
doughnut *tonajjŭ*
down *araero*
    Come d.! *Naeryŏ ose yo!*
    Put it d.! *Naeryŏ nwa yo!*
Down? (to elevator operator) *Naeryŏ kamnikka?*
down payment *keyakkŭm*
downstairs *arae ch'ŭng*
downtown *sinae*
dozen (a) *han t'asŭ*
    a half d. *pan t'asŭ*
draftee *ŭngsoja*
drawer (in a chest) *sŏrhap*
drawing *sŭk'etch'i*
dream *kkum*
    dayd. *kongsang*
drenched: I'm d. *Hŭmppŏk chŏjŏssŭmnida.*
dress (K.) *hanbok*
dress (W.) *yangjang*
    two-piece d. *t'up'isŭ*
dressing table *hwajangdae*
dressmaker *yangjaesa* (see also p. 164, At the Dressmaker or Tailor Shop)

dried fruit *mallin silgwa*
dried skim milk *tŭrai sŭk'im milk'ŭ*
drink: Don't d. it! *Kŭ kŏt masiji mase yo!*
　D. it! *Kŭ kŏt masise yo!*
　I want to d. some...
　...*chom masigo sipsŭmnida.*
drinking water *ŭmyosu*
drip-dry (clothing) *taerimjil p'iryo ŏmnŭn*
Drive carefully! *Chosim haesŏ unjŏn hase yo!*
Drive faster! *Chom tŏ songnyŏk ŭl nae chuse yo!*
driver *unjŏnsu*
　bus d. *ppŏsŭ unjŏnsu*
　chauffeur *chagayongch'a unjŏnsu*
　taxi d. *t'aeksi unjŏnsu*
　truck d. *t'ŭrŏk unjŏnsu*
driver's license *unjŏn myŏnhŏjŭng*
Drive slower! *Sokto lŭl chom nŭtch'yŏ chuse yo!*
driveway *tŭraibŭ oei*
drop (of liquid) *pangul*
drop: Don't d. it! *Kŭ kŏt ttŏrŏ t'ŭriji mase yo!*
druggist *yakchesa*
drugstore *yakpang*
drunk (a) *ch'wigaek*
dry: Is it d.? *Mallassŭmnikka?*
　It's d. *Mallassŭmnida.*
　It's not d. *An mallassŭmnida.*
dry (of wine) *mat talji anun p'odoju*
dry cereal *ssiŏriŏ*
dry cleaner (shop) *tŭrai k'ŭrining chip*
dry cleaning *t'ŭrai k'ŭrining*
dryer (for clothes) *ppallae mallinŭn kige*
dryer (for hair) *tŭraiya*
drying rack (for clothes) *ppallae mallinŭn kŏri*
dry shampoo (for hair) *tŭrai syamp'u*
duck (domesticated) *ori*
　roast d. *rŏsŭt'u tŏk'ŭ*
duck (wild) *mul ori*
duck hunting *ori sanyang*
dull (blunt) *udun han*
dull (uninteresting) *chaemi ŏmnŭn*
dumb (stupid) *mŏngch'u*
dumb (speechless) *mal mun i makhin*

dummy (bridge term) *tŏmi*	**dust** *mŏnji*
dump truck *tamp'u t'ŭrŏk*	**dust mop** *marŭn mop'ŭ*
duplicate bridge *tyup'ŭrik'eit'ŭ puriji*	**dustpan** *ssŭre pakki*
duplicate bridge board *tyup'ŭrik'eit'ŭ podŭ*	**duster** *ch'ongch'ae*
	duty (tariff) *kwanse*
	duty-free *myŏnse*

E

each *kakkak*	**east** *tongjjok*
each one *kakcha*	**Easter** *Puhwaljŏl*
ear *kwi*	**Easter** (spring) **vacation** *pom panghak*
earache *kwi ari*	**Easy!** (Be careful!) *Chosim!*
I have an e. *Kwi ka ap'umnida.*	**easy** *swiun*
early *irŭn*	**eat:** I want to e. some Korean food. *Han'guk ŭmsik chom mŏkko sipsŭmnida.*
Am I too e.? *Che ka nŏmu illŭmnikka?*	
How e. is it? *Ŏlmana illŭmnikka?*	Let's e. *Mŏgŭpsida.*
I get up e. in the morning. *Cho nŭn ach'im e iljjik irŏnamnida.*	**eating table** (K.) *papsang*
	eczema *sŭpjin*
It's e. *Aijik irŭmnida.*	**edge** (the) *nal*
earmuff *panghanyong kwi ssagae*	**eel** *changŏ*
	egg *talgyal*
earring *kwigŏri*	bacon & eggs *peik'on kwa aegŭ*
earthquake *chijin*	fried e. *hurai aegŭ*

egg beater   44   employment agency

ham & eggs *haem kwa aegŭ*
hard-boiled e. *salmŭn talgyal*
poached e. *p'och'i aegŭ*
raw e. *saeng talgyal*
scrambled e. *sŭk'ŭrambul aegŭ*
soft-boiled e. *talgyal pansuk*
egg beater *kŏp'um nage hanŭn kigu*
egg shell *talgyal kkŏpchil*
egg white *talgyal hinja*
egg yolk *talgyal norŭn chawi*
eggplant (aubergine) *kaji*
egg-salad sandwich *aegŭ salladŭ ssaendŭwich'i*
egotistic *chagi ponŭi e*
eight (items, persons) *yŏdŏl (see also* p. 175, Numbers and Counting)
either one *ŏnŭ jjoge kŏtto*
   I don't want e. o. *Onŭ jjok kŏtto silsŭmnida.*
   I'll take e. o. *Amu kŏs ina toemnida.*
elastic band *komujul*
elbow *p'al kkŭmch'i*
electric blanket *chŏn'gi tamyo*

electric broiler *chŏn'gi kogi kumnŭn kigu*
electric dishwasher *kŭrŭt tangnŭn kige*
electric fan *sŏnp'unggi*
electric heater *ch'ŏngi hit'a*
electric hot plate *chŏn'gi kollo*
electrician *chŏn'gi kisulja*
electric iron *chŏn'gi tarimi*
electricity *chŏn'gi*
electric light *chŏn'gi pul*
electric mixer *chŏn'gi honhapki*
electric shaver *chŏn'gi myŏndogi*
elementary school *ch'odŭng hakkyo*
elevator *sŭngganggi*
embarrassed: I'm e. *Pukkŭropsŭmnida.*
   I was e. *Pukkŭrŏwŏssŭmnida.*
   Were you e.? *Pukkŭrŏwŏssŭmnikka?*
embassy *taesagwan*
emery board *maenik'yuŏyong sont'opjul*
employee *koyong in*
employer *koyongju*
employment agency *chi-*

empty   45   **enough**

gŏp sogaeso
empty *pin*
  E. it! *Kŭ kŏt chom piŏ chuseyo!*
  Is it e.? *Kŭ kŏt piŏssŭmnikka?*
  It's not e. *Piŏ ijji ansŭmnida.*
  It's e. *Piŏ issŭmnida.*
end (the) *kkŭt*
end table *raemp'u t'ebul*
enema *kwanjangje*
energetic: Do you feel e.? *Kiun i nasimnikka?*
  I don't feel very e. *Pyŏllo kiun i an namnida.*
  I feel very e. *Aju kiun i namnida.*
engaged (to be married) *yakhon han*
  Are you e.? *Yakhonjung isimnikka?*
  I'm e. *Yakhonjung imnida.*
  I'm not e. *Yakhon an hassŭmnida.*
  We're e. *Chŏhidŭrŭn yakhonjung imnida.*
engagement (date) *yaksok*
engagement ring *yakhon panji*
engine *enjin*

engine block (car) *enjin purok*
engineer (graduate) *kisa*
engineer (ship) *kigwansa*
engineer (train) *kigwansu*
England *Yŏngguk*
English (language) *Yŏngŏ*
  Do you speak E.? *Yŏngŏ haljul asimnikka?*
  Do you understand E.? *Yŏngŏ asimnikka?*
English conversation school *Yŏngŏ hoehwa hagwŏn*
Englishman *Yŏngguk namja*
English teacher *Yŏngŏ sŏnsaeng*
enjoy: Are you enjoying yourself? *Chaemi issŭsimnikka?*
  I'm enjoying myself. *Chŭlgigo issŭmnida.*
  I enjoyed it. *Chŭlgyŏssŭmnida.*
Enjoy yourself! *Chaemi posipsiyo!*
enough *ch'ungbun han*
  I have e. *Ajik mansŭmnida.*
  Is that e.? *Nongnok hamnikka?*

entrance — **exaggerated**

I've had e., thank you. *Mani tŭrŏssŭmnida.*
That's e.! *Mansŭmnida!*
That's e., thank you. *Mansŭmnida, kamsa hamnida.*
That's not e. *Mojaramnida.*
entrance *ipku*
entrance hall *hyŏn'gwan maru*
envelope *pongt'u*
equal *tongdŭng han*
eraser *chiuge*
errand *simburŭm*
escalator *esŭk'ŏreit'ŏ*
escape: That was a narrow e. *Aju asŭl asŭl hage p'i haessŭmnida.*
especially *t'ŭkpyŏri*
not e. *pyŏllo t'ŭkpyŏri anin*
Europe *Kurap'a*
evaporated milk *ebap'oreit'ŭ milk'ŭ*
even (regular) *han'gyŏl kat'ŭn*
evening *chŏnyŏk*
all e. *chŏnyŏk naenae*
during the e. *chŏnyŏk e*
every e. *chŏnyŏk mada*
Good e.! *Annyŏng hasimnikka!*
in the e. *chŏnyŏk e*
last e. *ŏje chŏnyŏk*
this e. *onŭl chŏnyŏk*
tomorrow e. *naeil chŏnyŏk*
yesterday e. *ŏje chŏnyŏk*
evening dress *ibŭning tŭresŭ*
evening purse *p'at'i yong haendŭppaek*
even number *jjaksu*
even-tempered *yangsŏngjŏgin*
everybody *nugudŭnji*
every day *maeil*
every evening *chŏnyŏk mada*
every month *maedal*
every morning *maeil ach'im*
every night *maeil pam*
everyone *modu*
every one (people) *nugudŭnji*
every one (things) *chŏnbu ta*
everyplace *ŏnŭ kŏsena*
everything *chŏnbu*
every time *maebŏn*
every week *maeju*
everywhere *ŏdidŭnji*
every year *maenyŏn*
evil *kanak han*
exaggerated *kwajang toen*

excellent — face cloth

excellent *t'agwŏl han*
excess baggage *chungnyang i nŏmnŭn chim*
exchange rate *hwanyul*
  What's the e. r.? *Hwanyul i ŏlma imnikka?*
excited: Aren't you e.? *Kippŭsiji anŭsimnikka?*
  I'm e. *Kippŭmnida.*
excursion *sop'ung*
Excuse me! *Sille hamnida!*
Excuse me, but ... *Sille haji man ...*
exercise (physical) *undong*
exhausted: I'm e. *Chich'yŏssŭmnida.*
exhaust pipe (car) *paegit'ong*
exit *ch'ulgu*
expense account *kyojebi*
expensive *pissan*
  too e. *nŏmu pissan*
exposure (camera setting) *noch'ul*
exposure meter *noch'ulge*
express train *kŭphaeng yŏlch'a*
expressway *kosok toro*
exterminator (man) *kŭnjŏl hanŭn*
extinguisher: fire e. *sohwagi*
extravagant *ŏmch'ŏng nan*
extrovert *hwaldongjŏgin saram*
eye *nun*
eyelid *nun kap'ul*
eyebrow *nunsŏp*
eyebrow pencil *nunsŏp kŭrige*
eyedropper *anyak*
eyeglasses *an'gyŏng*
eyelash *songnunsŏp*
  false e. *kajja songnunsŏp*
eye liner (cosmetic) *ai rainŏ*
eye lotion *anyak*
eye shadow (cosmetic) *ai syado*

F

face *ŏlgul*
face card (playing card) *kŭrim k'adŭ*
face cloth *mulsugŏn*

face powder   **48**   **father-in-law**

face powder *pun*
factory *kongjang*
fade: Does this color f.? *I kŏt pikkari paramnikka?*
faint: I feel f. *Kijŏl hal kŏt kassŭmnida.*
fair (equitable) *kongjŏng han*
  That's f. *Kongjŏng hamnida.*
  That's not f. *Kongjŏngch'i mot hamnida.*
fair (exhibition) *chang*
fairway (golf) *p'yŏngmyŏn k'osŭ*
fall (season) *kaŭl*
fall: Don't f.! *Ttŏrŏ jiji mase yo!*
false *kŏjit e*
false eyelashes *kajja songnunsŏp*
false teeth *hae pagŭn i*
family *kajok*
famous man (woman) *yumyŏng han namja (yŏja)*
famous place *yumyŏng han kot*
fan (K. folding) *puch'ae*
  electric f. *sŏnp'unggi*
fan (motor part) *huang*
fan belt (motor part) *huang peldŭ*
far *mŏn*
  How f. is it? *Ŏlmana mŏmnikka?*
  Is it f.? *Mŏmnikka?*
fare (charge) *ch'abi*
  half f. *pansak*
  What is the f. to …? *…kkaji e ch'abi ŏlma'mnikka?*
Far East *Kŭktong*
farmer *nongbu*
farsighted (eyesight) *wŏnsi*
farther *tŏ mŏlli*
fashion (style) *yuhaeng*
fashionable *yuhaengjŏgin*
fast *pparŭn*
  My watch is f. *Chŏe sige ka pparŭmnida.*
  Your watch is f. *Kŭ sige ka pparŭmnida.*
faster: Drive f., please. *Chom tŏ songnyŏk ŭl nae chuse yo.*
fat (grease) *kirŭm*
fat (part of meat) *kirŭmdŏngi*
fat (obese) *ttungttung han*
father (your) *puch'in*
  (my) *abŏji*
father-in-law (your, to a man) *changin*
  (your, to a woman) *sibunim*

faucet   49   **file**

(my, for a man) *chŏe changin*
(my, for a woman) *chŏe siabŏji*
faucet *sudo mul kkokchi*
fault: It's my f. *Kŭ kŏt che chalmot imnida.*
  It's not my f. *Che chalmot an imnida.*
  It's not your f. *Tangsin e chalmot an imnida.*
favorite *maŭm e tŭnŭn*
feather duster *saet'ŏl ch'ongch'ae*
February *Iwŏl*
feeble *pagyak han*
feeble-minded *ŭji ka pagyak han*
feel: Do you f. better? *Kibun i chom naa chisyŏssŭmnikka?*
  How are you feeling? *Kibuni chom ŏttŏsimnikka?*
  I don't f. good. *Mom i pulp'yŏn hamnida.*
  I f. better. *Kibun i chom naa chyŏssŭmnida.*
  I f. fine. *Aju p'yŏnan hamnida.*
  I hope you're feeling good. *Kibun i choŭsigi lŭl paramnida.*
fence *ult'ari*
fender (car) *hŭlk paji*
ferryboat (for passengers only) *yuramsŏn*
  (for cars and passengers) *narut pae*
festival (K.) *ch'ukche*
fever *sinyŏl*
  Does he (she) have a f.? *Mom e yŏri issŭmnikka?*
  Do you have a f.? *Mom e yŏri issŭsimnikka?*
  I don't have a f. *Yŏri ŏpsŭmnida.*
  I have a f. *Yori issŭmnida.*
  You don't have a f. *Yŏri opsŭmnida.*
  You have a f. *Mom e yŏri issŭmnida.*
feverish *yŏri innŭn*
few (a) (people) *mes saram* (things) *mekkae*
fiancé *yakhonja*
fiancée *yakhonnyŏ*
fickle *pyŏn hagi swiun*
field (for grazing cattle) *pŏlp'an*
fig *muhwakw*
file (tool) *kkŭl sonjl*
  nail f. *sont'opjul*

filling (for tooth) *ch'ungch'i ttaem*
Fill it (the gas tank) **up!** *Kattŭk ch'aeusipsiyo!*
film (for camera) *k'amera p'illim*
　black & white f. *hŭkpaek p'illim*
　color f. *k'alla p'illim*
film (motion picture) *yŏnghwa*
filthy (soiled) *tŏrŏun*
find: Did you f. it? *Kŭ kŏt ch'ajŭsyŏssŭmnikka?*
　I didn't f. it. *Mot ch'ajŏssŭmnida.*
find out: I'll f. o. *Ara pogessŭmnida.*
　F.o., please. *Ara pose yo.*
fine (thin) *kanŭrŭn*
fine: I'm f., thank you. *Mugo hamnida, kamsa hamnida.*
　I feel f. *P'yŏnan hamnida.*
　That's f. *Chosŭmnida.*
finger *son karak*
fingernail *sont'op*
fingernail polish *sont'opch'il*
fingerprint *chimun*
finished: Have you f.? *Kkŭt mach'yŏssŭmnikka?*
　I haven't f. *Kkŭt mon mach'yŏssŭmnida.*
　I've f. *Kkŭt mach'yŏssŭmnida.*
　When will it be f.? *Ŏnje toemnikka?*
　When will you be f.? *Ŏnje kkŭnnaesimnikka?*
Fire! *Puriya!*
fire *pul*
fire alarm *hwajae kyŏngbo ch'angch'i*
firecracker *p'okchuk*
fire department *sobangso*
fire engine *pul chandongch'a*
fire exit *pisanggu*
fire extinguisher *sohwagi*
fire hydrant *sohwajŏn*
fire insurance *hwajae pohŏm*
fireman *sobangsa*
fireplace *pyŏngnallo*
firescreen *pyŏngnallo sŭk'ŭrin*
firewood *changjak*
first (the) *cheil*
　the f. (in a series) *cheil ch'ŏŭm e*
　the f. (of the month) *ch'oharu*

first aid *ŭnggŭp ch'iryo*
first aid kit *kugŭp sangja*
first floor (American) *ilch'ŭng*
(European) *ich'ŭng*
first name *irŭm*
first time *ch'ŏt pŏn*
fish (live) *mul kogi*
(as food) *saengsŏn*
fisherman (professional) *ŏbu*
(sport) *naksi kkun*
fishhook *naksi panul*
fishing *naksi*
fishing rod *naksi tae*
fishing tackle *naksi togu*
fish market *saengsŏn sijang*
fish tank (for tropical fish) *ŏhang*
fit: Does it f.? *Massŭmnikka?*
It doesn't f. *An massŭmnida.*
It fits fine. *Chal massŭmnida.*
fitting (at the dressmaker or tailor) *kabong*
five (items, persons) *tasŏt (see also p. 175, Numbers and Counting)*
fix: Can you f. this? *I kŏt chom koch'il su issŭmnikka?*

flag *ki*
flash bulb (camera) *sajin'gi sŏmgwang chŏn'gu*
flashlight *hoejŏndŭng*
flat (apartment) *ap'at'ŭ*
flat (level) *p'yŏngp'yŏn han*
flat tire *ppangkku*
flavor *p'ungmi*
flea *pyŏruk*
flea powder *pyŏruk yak*
flight number *pihaeng pŏnho*
flimsy *pagyak han*
flint (for lighter) *rait'a tol*
flippers (for skin diving) *hurippŏ*
floor (story) *ch'ŭng*
basement *chihasil*
first f. (American) *ilch'ŭng*
first f. (European) *ich'ŭng*
ground f. *ilch'ŭng*
second f. (American) *ich'ŭng*
second f. (European) *samch'ŭng*
floor (surface) *padak*
floor lamp *sŭt'endu raemp'u*
floor mat *tot chari*
floor waxer *pang padak*

florist   52   **forget**

   tangnŭn kige
florist *kkot chip*
flour *mil karu*
   a cup (measuring) of f. *mil karu han k'ŏp*
flour sifter *ch'e*
flower *kkot*
flower bed *kkoppat*
flower bulb *hwach'o kugyŏng*
flower garden *hwawŏn*
flower shop *kkot chip*
flu *momsal*
flush toilet *susesik pyŏnso*
fly (insect) *p'ari*
fly swatter *p'ari ch'ae*
fog *an'gae*
foggy *an'gae ka kkin*
   It's f. *An'gae ka kkyŏssŭmnida.*
foil: aluminum f. (used in the kitchen) *allŭminyum hwŏil*
   tinf. *t'in hwŏil*
folding chair *chŏmnŭn ŭja*
folk craft (K.) *minsok yesul*
folk singer *minyo kasu*
food *ŭmsik*
   Chinese f. *Chungguk ŭmsik*
   Japanese f. *Ilbon ŭmsik*
   Korean f. *Han'guk ŭmsik*
   Western f. *Sŏyang ŭmsik*
food poisoning *sikchungdok*
foot *pal*
foot brake (car) *puraek'i*
for (someone) ... *wi haesŏ*
   Is this f. me? *I kŏt chege chusinŭn kŏ'mnikka?*
   This is f. me. *I kŏsun che kŏs imnida.*
   This is f. you. *I kŏt padŭsipsiyo.*
   Will you do it f. me? *Kŭ kŏt chom hae chusigessŭmnikka?*
forehead *ima*
foreign *oeguge*
foreign country *oeguk*
foreign language *oegugŏ*
foreigner *oegugin*
forest *sup*
   in the f. *sup soge*
forget: Don't f.! *Itjji mase yo!*
   Have you forgotten? *Ijŭsyŏssŭmnikka?*
   I f. *Ijŏ pŏrimnida.*
   I forgot it. *Kŭ kŏt ijŏ pŏryŏssŭmnida.*
   I forgot something. *Muŏsŭl chom ijŏ pŏryŏssŭmnida.*

Forgive me!   53   front

I've forgotten. *Ijŏssŭmnida.*
I haven't forgotten. *An ijŏssŭmnida.*
Forgive me! *Yongsŏ hasipsiyo!*
fork (utensil) *hwŏk'ŭ*
formal dress *sŏngjang*
for sale: Is this f. s.? *I kŏt p'anŭn kŏsimnikka?*
fortune-teller (K.) *chŏmjaengi*
forty-five r.p.m. record *sasibo alp'iem rek'odŭ*
forward (ahead) *ap jjogŭro*
found: Have you f. it? *Kŭ kŏt ch'ajŭsyŏssŭmnikka?*
  I f. it. *Ch'ajassŭmnida.*
  I haven't f. it. *Kŭ kŏt mot ch'ajassŭmnida.*
four (items, persons) *net* (see also p. 175, Numbers and Counting)
fourth: one f. *sabunjiil*
  three fourths *sabunjisam*
fracture (of a bone) *koljŏl*
fragile *pusŭrŏjigi swiun*
frame (for a picture) *sajint'ŭl*
frankfurter *ssosseji*
freckle *chugŭn kkae*
free (of charge): Is it f.?
  Muryo imnikka?
  It's f. *Muryo imnida.*
freezer *hurijŏ*
freighter (cargo ship) *hwamulsŏn*
freight train *hwamul yŏlch'a*
French bread *Pullansŏ ppang*
French fries *kamja t'wigim*
French toast *Hurench'i t'osŭt'ŭ*
fresh *sinsŏn han*
fresh-frozen *saengŭro naengdong han*
fresh water *malgŭn mul*
friction tape *mach'al t'ep'ŭ*
Friday *Kŭmyoil*
fried chicken *hurai ch'ik'ing*
fried egg *hurai aegŭ*
fried potatoes *hurai p'ot'aet'o*
friend *ch'in'gu*
frightened: Aren't you f.? *Nollaji anŭsyŏssŭmnikka?*
  I'm f. *Nollassŭmnida.*
front (the) *ap*
  in the f. *ap'e*
  in f. of ... *e ap'e*

front door *ammun*
frost *sŏri*
frosting (on cake) *sŏlt'ang ŭliphim*
frown (a) *jjip'urin ŏlgul*
frozen *ŏrŭm i ŏn*
frozen foods *naengdong ŭmsik*
fruit *silgwa*
  dried f. *mallin silgwa*
  fresh f. *saeng silgwa*
  stewed f. *salmŭn silgwa*
fruit juice *kwasil chyusŭ*
fruit salad *kwasil salladŭ*
fruit & vegetable store *silgwa wa yach'ae sangjŏm*
frypan *hurai p'aen*
fuel oil *kyŏngyu*
full *kadŭk han*
  Is it f.? *Kadŭk ch'assŭmnikka?*
  It's f. *Kadŭk ch'assŭmnida.*
  It's not f. *Kadŭk an ch'assŭmnida.*
fun *chaemi innŭn*
  Have f.! *Chaemi pose yo!*
  That was f. *Kŭ kŏt chaemi issŏssŭmnida.*

funeral services *changyesik*
funny (comical) *usŭun*
  How f.! *Usŭwŏ yo!*
funny (strange) *isang hae yo*
  That's f.! *Kŭ kŏt isang hagun yo!*
fur *mop'i*
fur coat *mop'i k'ot'ŭ*
fur jacket *mop'i chak'aett'ŭ*
fur piece *mop'i chogak*
fur shop *mop'i sangjŏm*
fur stole *puinyong mop'i moktori*
furnace (under floor of Korean house) *agung'i*
furnace (W.) *yonggwangno*
furnished apartment *kagu tallin ap'at'ŭ*
furnished house *kagu tallin chip*
furniture *kagu*
furniture polish *kagu ttangnŭn yak*
furniture store *kagujŏm*
further *chom tŏ*
fuse (electrical) *hyusŭ*
future (the) *changnae*
  in the f. *changnae e*
fuzzy *chant'ŏri innŭn*

G

gall bladder ssŭlgae
gallon k'allŏn
game (contest) geim
garage ch'ago
garbage ssŭregi
garbage bag ssŭregi tamnŭn pongji
garbage can ssŭregi t'ong
garbage collector ssŭregi ch'inŭn saram
garden chŏngwŏn
garden hose chŏngwŏnyong hosŭ
gardener chŏngwŏnsa
gargle (mouth rinse) mok kasinŭn yak
garlic manul
garlic press manul tajige
garment bag ot kŏrŏ tunŭn ppaegu
gas(oline) hwibaryu
  I've run out of g. Hwibaryu ka ta ttŏrŏjyŏssŭmnida.
gas (liquid propane, for cooking stove) p'urop'an kkaesŭ
  a bottle of g. p'urop'an kkaesŭ han t'ong
gas company (selling liquid propane gas) p'urop'an kkaesŭ hoesa
gas meter kkaesŭ mit'o
gas station chuyuso
  Where's the g. s.? I've run out of gas. Chuyuso ka ŏdi issŭmnikka? Hwibaryu ka ta ttŏrŏjyŏssŭmnida.
gas-station attendant chuyuso esŏ ilhanŭn saram
gas tank (car) hwibaryu t'aengk'u
gate (K.) taemun
gate (W.) t'ongyongmun
gauze mask kaje masuk'ŭ
gear (car) kia
gelatine chellŏt'in
general anaesthetic chŏn-

general delivery 56 **go**

sin mach'wi
general delivery (poste restante) *yuch'i up'yŏn*
generator (car) *chenŏret'a*
generous *taepŏm han*
gentleman *sinsa*
genuine *chinjja*
Get out! *Nagase yo!*
get up: I want to g. u. early. *Iljjik irŏnago sipsŭmnida.*
Get up! *Irŏna!*
gift *sŏnmul*
gift money (house rental) *kwŏlligŭm*
gin *jjing*
ginger root *saenggang*
girdle (undergarment) *k'olsett'ŭ*
girl (young) *sonyŏ*
  (young lady) *ch'ŏnyŏ*
girl scout *kŏl sŭk'aut'ŭ*
Give it to me. *Iri chuse yo.*
Give this to ..., please. *I kŏt chom ... ege chusipsiyo.*
glad *kippŭm*
  Aren't you g.? *Kippŭji anŭsimnikka?*
  I'm g. *Kippŭmnida.*
glare *pŏnjjŏk kŏrim*

glass (for drinking) *yurijan*
  a g. of ... ... *hanjan*
  a g. of beer *maekju han koppu*
  a g. of milk *uyu han koppu*
  a g. of water *mul han koppu*
  beer g. *maekju koppu*
  cocktail g. *k'akt'el kŭrasŭ*
  highball g. *haibol kŭrasŭ*
  juice g. *chyusŭ kŭrasŭ*
  martini g. *mart'ini kŭrasŭ*
  wineg. *p'odojujan*
glass (material) *yuri*
  magnifying g. *hwaktaegyŏng*
glasses (for the eyes) *an'gyŏng*
  bifocals *ijung ch'ojŏm an'gyŏng*
  dark g. *saegan'gyŏng*
  sung. *saegan'gyŏng*
glove(s) *changgap*
  a pair of g. *changgap han k'yŏre*
glue *agyo*
go: Are you going? *Kasimnikka?*
  Are you going home? *Chibe kasimnikka?*
  Don't g.! *Kaji mase yo!*
  G. away! *Chŏri ka yo!*

goblet 57 Goodbye!

G. straight ahead! *Aphŭro ttok paro kase yo!*
I'm going. *Kamnida.*
I'm going home. *Chibe kamnida.*
I'm not going. *An kamnida.*
I'm not going home. *Chibe an kamnida.*
I want to g. to … … *e kago sipsŭmnida.*
Let't g.! *Kapsida!*
Let's go back! *Tora kapsida!*
When are you going? *Ŏnje kasimnikka?*
Where are you going? *Ŏdi kasimnikka?*

goblet: water g. *wŏt'ŏ koburet*
goggles *mŏnji mangnŭn an'gyŏng*
gold *kŭm*
   14-kt. g. *sipsagŭm*
   18-kt. g. *sipp'algŭm*
   white g. *paekkŭm*
   yellow g. *hwanggŭm*
gold-filled *kŭm mekki e*
goldfish *kŭm pungŏ*
golf *kolp'ŭ*
golf bag *kolp'ŭ ppaek*
golf ball *kolp'ŭbol*

golf club *kolp'ŭ ch'ae*
   a set of g. c. *kolp'ŭ k'urŏp sett'ŭ*
golf clubhouse *kolp'ŭ kurakpu*
golf course *kolp'ŭjang*
golfing *kolp'ŭ*
good *choŭn*
   Be g.! (to a child) *Mal chal tŭrŏ!*
   Is it g.? *Kŭ kŏt choŭn kŏsimnikka?*
   It's not g. *Kŭ kŏt choch'i ansŭmnida.*
Good! (I'm happy about it.) *Chal toessŭmnida!*
Good! (I understand.) *Algessŭmnida!*
Good afternoon! *Annyŏng hasimnikka!*
Goodbye! (by person(s) leaving) *Annyŏng hi kesipsiyo!*
Goodbye! (by person(s) staying) *Annyŏng hi kasipsiyo!*
Goodbye! (by two parties leaving each other) *Annyŏng hi kasipsiyo!*
Goodbye! (on the telephone) *Annyŏng hi kesipsiyo!*

Goodbye! (by family member leaving for a short time) *Katta ogessŭmnida!*
Goodbye! (to family member leaving for a short time) *Katta osipsiyo!*
Goodbye! (by family member leaving for a long time) *Annyŏng hi kesipsiyo!*
Goodbye! (to family member leaving for a long time) *Annyŏng hi kasipsiyo!*
Good evening! *Annyŏng hasimnikka!*
Good Friday (Protestant) *Yesŭ kŭrisŭdo e sunanil* (Catholic) *Sŏng kŭmyoil*
good idea: That's a g. i. *Chŏun saenggak imnida.*
good-looking (man) *minam*, (woman) *miin*
good luck *haeng'un*
Good luck! *Haeng'un ŭl pimnida!*
Good morning! *Annyŏng hasimnikka!*
Good night! (Sleep well!) *Annyŏng hi chumusipsiyo!*
Good night! (Sleep well!) (to a child) *Chal cha yo!*
Good night! (by person(s) leaving) *Annyŏng hi kesipsiyo!*
Good night! (by person(s) staying) *Annyŏng hi kasipsiyo!*
good posture *chŏun chase*
good sport *nakch'ŏnjŏgin*
good-tempered *sŏnggyŏgi chŏun*
good time: Are you having a g. t.? *Chaemi issŭsimnikka?*
 Did you have a g. t.? *Chaemi issŏssŭmnikka?*
 Have a g. t.! *Chaemi posipsiyo!*
 I'm having a g. t. *Chaemi issŭmnida.*
 I had a g. t. *Chaemi issŏssŭmnida.*
goose *kŏwi*
gorgeous *hullyung han*
gossip *chaptam*
government *chŏngbu*
grade (for school work) *hakkyo sŏngjŏk*
gradually *ch'ach'ŭm*

gram *kuram*
  a g. of ... ...*han kuram*
grandchild (your) *sonjanim*
  (my) *chŏe sonja*
grandfather (your) *chobunim*
  (my) *chŏe harabŏji*
grandmother (your) *chomonim*
  (my) *chŏe halmŏni*
grand slam (in bridge) *kŭraendŭ sŭram*
grandstand *t'ŭkpyŏl kwallamsŏk*
grape *p'odo*
grape juice *p'odo chyusŭ*
grapefruit *kurep'ŭ hurŭt'ŭ*
grapefruit juice *kurep'ŭ hurŭt'ŭ chyusŭ*
grass *chandi*
grater *kangp'an*
grave (burial place) *mudŏm*
gravestone *myosŏk*
gravel *chagal*
gravy *kŭreibi*
gravy boat *kŭreibi kŭrŭt*
gravy ladle *kŭreibi kukcha*
gray *hoesaek*
gray hair *hin mŏri*
grease (lubricant) *kurisŭ*
grease spot *kirŭmi mudŭn chaguk*
greasy (of food) *kirŭm kki ka manŭn*
great *k'ŭn*
Great Britain *Taeyŏng Cheguk*
green *ch'orok pit*
greenhouse *onsil*
green light (traffic signal) *p'aranbul sinho*
green peas *kŭrin p'isŭ*
green pepper *p'ut koch'u*
green (part of golf course) *kŭrin*
grilled cheese sandwich *kŭril ch'ijŭ ssaendŭwich'i*
groom (newlywed) *sillang*
ground (the) *ttang*
ground beef *karŭn so kogi*
ground floor *ilch'ŭng*
guard (sentry) *poch'o*
guardian *pohoja*
guess: I g. so. *Kŭrŏn'ga pomnida.*
  I g. not. *Kŭrŏch'i anŭn'ga pomnida.*
guest *sonnim*
guest room *kaeksil*
guide (a) *annae in*
  tour g. *kwan'gwang annae in*

guidebook *yŏhaeng annae sŏ*
gum: chewing g. *kkŏm*
gums *immom*
gun *ch'ong*
  pistol *kwŏnch'ong*
  rifle *soch'ong*
  shotg. *yŏpch'ong*
gutter (road) *torang*
  (roof) *ch'ŏma e hŭmt'ong*
gynecologist *puin'gwa ŭsa*

H

habit (custom) *sŭpkwan*
  bad h. *nappŭn pŏrŭt*
hail (precipitation) *ubak*
hailing: It's h. *Ubak i nalimnida.*
hair (body) *t'ŏl*
hair (on the head) *mŏri k'arak*
  curly h. *kopsŭl mŏri*
  straight h. *saeng mŏri*
hairbrush *mŏrissol*
haircut *ibal*
hairdo *mŏri sŭt'ail*
hairdresser *miyongsa*
hair dryer *tŭraiya*
hair net *mŏri mangsa*
hairpiece *pubun'gabal*
hairpin *mŏri p'in*
hair spray *heŏ sŭp'ŭrei*
half *pan*
  one h. *chŏlban*
half an hour *pan sigan*
half fare *pansak*
half price *pan'gap*
halfway *chungdo*
hallway *hyŏn'gwan pokto*
ham *haem*
  baked h. *peik'ŭ haem*
ham & cheese sandwich *haem ch'ijŭ ssaendŭwich'i*
ham & eggs *haem kwa aegŭ*
ham sandwich *haem ssaendŭwich'i*
ham steak *haem sŭt'eik'ŭ*
hamburger (a) *hambagŭ*
hamburger meat *karŭn kogi*
hammer *changdori*
hand *son*
  made by h. *sonŭro mandŭn*

hand   61   **head**

hand (at bridge) *p'aesu*
handbag *haendŭ ppaek*
hand brake *haendŭ puraek'i*
handful *han chum*
handful of ... *han chum e*
handkerchief *sonsugŏn*
handle *sonjabi*
handlebar (bicycle, motorcycle) *haendŭl*
hand lotion *haendŭ rosyon*
handmade *sonŭro mandŭn*
hand towel *son t'aol*
handy: Is it h.? (convenient) *Ssŭgi p'yŏn hamnikka?*
handyman *amu irina hanŭn saram*
hanger (for clothes) *ot kŏri*
hanging scroll (K.) *chokcha*
Hang it up. *Kŭ kŏt chom kŏrŏ chuse yo.*
hangover: Do you have a h.? *Ajik suri kkaeji anŭsyŏssŭmnikka?*
  I have a h. *Ajik suri an kkaessŭmnida.*
happen: How did it h.? *Kŭ iri ŏttŏkhe irŏnassŭmnikka?*
  What happened? *Ŏttŏkhe toessŭmnikka?*
  When did it h.? *Ŏnje kŭ iri*
irŏnassŭmnikka?
happy *kippŭn*
  Aren't you h.? *Kippŭji anŭsimnikka?*
  Are you h. about it? *Kippŭsimnikka?*
  I'm h. about it. *Kippŭmnida.*
  I'm h. to meet you. *Ch'ŏŭm poepkessŭmnida.*
  I'm not h. about it. *Pulman ŭl nŭkkimnida.*
  I'm very h. *P'ŏk kippŭmnida.*
Happy Birthday! *Saengil ch'ukka hamnida!*
Happy New Year! *Sae hae e pok mani padŭsipsiyo!*
hard (difficult) *ŏryŏun*
hard (firm) *tandan han*
hard-boiled egg *salmŭn talgyal*
hardware *ch'ŏlmul*
hardware store *ch'ŏlmul sangjŏm*
hat *moja*
hat shop *mojajŏm*
hay fever *kŏnch'oyŏl*
he *kŭ saram*
head *mŏri*
  a h. of lettuce (cabbage)

headache 62 **helpful**

sangch'u (paech'u) han t'ong
headache: Do you have a h.? *Tut'ong i nasimnikka?*
I have a h. *Mŏri ka ap'ŭmnida.*
headlight (car) *hedŭrait'ŭ*
head office *ponsa*
headwaiter *hedŭ weit'ŏ*
health certificate *kŏn'gan chindansŏ*
healthy *kŏn'gang han* (see also p. 169, Health Problems)
hear: Can you h. me? *Che mari tŭllisimnikka?*
Did you h. that? *Kŭ kŏt tŭrŭsyŏssŭmnikka?*
I can't h. you. *An tŭllimnida.*
I don't h. it. *An tŭllimnida.*
I h. it. *Ne, tŭllimnida.*
hearing aid *poch'ŏnggi*
hearse *yŏngguch'a*
heart *simjang*
heart (card suit) *hat'ŭ*
heart attack *simjang mabi*
heart trouble *simhangbyŏng*
heat (warmth) *yŏlgi*
heat (climate) *tŏwi*
heat wave *yŏlp'a*

heated floor (K.) *ondol*
heater (car) *hit'a*
heater (electric) *hit'a*
heating pad (electric) *chŏn'gi yo*
heavy *mugŏun*
hedge *ult'ari*
hedge clippers *chŏngwŏn-yong kawi*
heel (of the foot) *pal twi kkumch'i*
heel (of a shoe) *sinbal twi ch'uk*
  high h. *hai hil*
  low h. *rou hil*
helicopter *hellik'opt'ŏ*
Hello! *Annyŏng hase yo!*
Hello! (on the telephone) *Yŏbose yo!*
Help! *Saram sallyŏ yo!*
help: Can you h. me? *Chom towa chuse yo?*
H. yourself! *Cha, maŭm taero!*
It can't be helped. *Hal su ŏpsŭmnida.*
helpful: You've been very h. (to someone who has served in the course of duty) *Sugo hasyŏssŭmnida.*

hem 63 **him**

(to someone who has gone out of his way) *Sugo lŭl kkich'yŏ tŭryŏ p'ok choesŏng hamnida.*
hem (of a skirt, dress or coat) *tan*
Hem this for me, please. *I tan ŭl kkweme chusipsiyo.*
hemorrhage *ch'urhyŏl*
hemorrhoids *ch'ijil*
her *kŭ yŏja*
   for (to) h. *kŭ yŏja ege*
her (belonging to) *kŭ yŏja e (see also* **hers**)
herbs *yakch'o*
here *yŏgi*
   Come h.! *Iri wa yo!*
   over h. *i jjok*
   Turn h.! *Yŏgi sŏ tora chusipsiyo!*
Here (is something for you)! *Yŏgi (i kŏt chom padŭse yo)!*
Here he (she, it) comes. *Chŏgi osimnida.*
Here he (she) is. *Yŏgi kesimnida.*
Here I am. *Yŏgi issŭmnida.*
Here is my name and address. *Yŏgi e choe irŭm kwa chuso ka issŭmnida.*
Here it is. *Yŏgi issŭmnida.*
Here they are. *Yŏgi tŭl kesimnida.*
Here they come. *Chogi e tŭl osimnida.*
Here we are. *Yŏgi e tŭl issŭmnida.*
Here you are. (This is for you.) *Yŏgi issŭmnida.*
herring *ch'ŏngŏ*
hers: Is it h.? *Kŭ yŏja kŏs imnikka?*
   It's h. *Kŭ yŏja kŏ'mnida.*
   It's not h. *Kŭ yŏja kŏs i an imnida.*
hiccups *ttalkkokchil*
   I have the h. *Ttalkkokchil i namnida.*
high (drunk) *suri ch'wi han*
high (tall) *nophŭn*
highball *haibol*
highball glass *haibol kŭrasŭ*
high beam (car) *sanghyang rait'ŭ*
high-priced *kapsi pissan*
high school *kodŭng hakkyo*
high-strung *kinjang han*
high tide *kojo*
highway *k'ŭn kil*
hill *ŏndŏk*
him *kŭ namja*

hip   64   **home**

for (to) h. *kŭ namja ege*
hip *ŏngdŏngi*
his *kŭ namja e*
  Is it h.? *Kŭ e kŏs imnikka?*
  It's h. *Kŭ e kŏs imnida.*
  It's not h. *Kŭ e kŏsi an imnida.*
hoarse *swin*
hobby *ch'wimi*
hole *kumŏng*
hole in one *hol in wŏn*
holiday *hyuil*
  school h. *panghak*
holidays (K.):
  January 1, New Year's Day *Chŏngwŏl Ch'oharu*
  March 1, Independence Movement Day *Samiljŏl*
  March 10, Labor Day *Nodongjŏl*
  April 5, Arbor Day *Singmog'il*
  April 19, Student Uprising Commemorative Day *Sailgu Kinyŏm'il*
  May 5, Children's Day *Orini nal*
  May 8, Mothers' Day *Ŏmŏni nal*
  May 16, Military Revolution Commemorative Day *Oillyuk Kinyŏm il*
  June 6, Memorial Day *Hyŏnch'ung il*
  June 10, Farmer's Day *Nongbu e nal*
  July 17, Constitution Day *Kaehŏn'jŏl*
  August 15, Independence Day *P'ariro Kwangbok'chŏl*
  October 1, Armed Forces Day *Kukkun e nal*
  October 3, National Foundation Day *Kaech'ŏn'jŏl*
  October 9, Han'gul (Korean Alphabet) Day *Han'gŭl nal*
  October 24, United Nations Day *Yuen e nal*
  November 3, Students' Day *Haksaeng e nal*
  December 10, Human Rights Declaration Day *In'gwŏn Sŏnŏn il*
  December 25, Christmas *K'ŭrisŭmasŭ*
hollow *t'ŏngbin*
home *chip*
  Is Mrs. ... h.? *... puin chibe*

homely 65 **hot**

kesimnikka?
Mrs. ... is h. ... *puin chibe kesimnida.*
Mrs. ... is not h. ... *puin chibe an kesimnida.*
homely (plain) *susu han*
homesick Are you h.? *Kohyang saenggak i nasimnikka?*
I'm h. *Kohyang saenggak i namnida.*
I'm not h. *Kohyang saenggak i pyŏllo an namnida.*
I hope you're not h. *Nŏmu kohyang saenggak i an nasigi paramnida.*
homesickness *hoehyang-byŏng*
homework (school) *sukche*
honest *chŏngjik han*
honey *kkul*
honeymoon *sinhon yŏhaeng*
hood (car) *pponnet*
hook *kŏri*
crochet h. *kalguri panŭl*
fishh. *naksi panŭl*
hook & eye *hok'ŭ tanch'u*
hope: I h. not. *Kŭrŏch'i ankhi lŭl paramnida.*
I h. so. *Kŭrŏkhi lŭl param-*
nida.
horizontal *sup'yŏng e*
horn (car) *k'ŭraksyon*
hors d'oeuvres *sul anju*
horse *mal*
horseback riding *sŭngma*
horse race *kyŏngma*
horse show *kyŏngma taehoe*
hose *hosu*
hospital *pyŏngwŏn* (see also p. 169, Health Problems)
hospital insurance *ŭryo pohŏm*
host *chuin namja*
hostess *chuin yŏja*
bar h. *ppa yŏja*
hot (with seasoning) *maeun*
hot (temperature) *tŏun*
Aren't you h.? *Tŏusimnikka?*
I'm h. *Tŏumnida.*
Is it h.? (of the weather) *Nalssi ka tŏumnikka?*
Is it h.? (of liquids, etc.) *Ttŭgŏumnikka?*
It's h. (of the weather) *Nalssi ka tŏumnida.*
It's h. (of liquids, etc.) *Ttŭgŏumnida.*
It's not h. (of the weather)

Nalssi ka tŏpchi ansŭmnida.

It's not h. (of liquids, etc.) *An ttŭgŏpsŭmnida.*

hot cake *hat k'eik'ŭ*

hot chocolate *hat ch'ok'orett'u*

hot dog (frankfurter) *ssosseji*

hotel (K.) *yŏgwan*

hotel (W.) *hot'el*

hot floor (K.) *ondol*

hot plate (electric) *chŏn'gi kollo*

hot spring *onch'ŏn*

hot-springs resort *onch'ŏnjang*

hot towel (furnished in restaurants) *tŏun mul sugŏn*

hot water *ttŭgŏun mul*

hot-water bottle (K.) *kakp'a*

hot-water bottle (W.) *komu mul chumŏni*

hot-water heater *sŭt'im*

hour (an) *sigan*

an h. ago *han sigan chŏn e*
an h. from now *chigŭm put'ŏ han sigan hu e*
a quarter of an h. *sibobun*
half an h. *pan sigan*
three quarters of an h. *sasibobun*

hour (o'clock) *si*

house *chip*
one-story h. *tanch'ŭngjip*
two-story h. *ich'ŭngjip*

houseboy *hausŭ ppoi*

housebroken *chip esŏ kildŭrin*

housecoat *hausŭ k'ot'ŭ*

housekeeper *kajŏngbu* (see also p. 171, Housekeeping Instructions)

housewarming (party) *isa kan chip e ch'ukha p'at'i*

How? *Ŏttŏkhe?*

How are you? *Annyŏng hasimnikka?*

How are you feeling? *Kibuni chom ŏttŏsimnikka?*

How did it break? *Ŏttŏkhe kkaejyŏssŭmnikka?*

How did it happen? *Kŭ iri ŏttŏkhe irŏnassŭmnikka?*

How do you do? (at formal presentation) *Ch'ŏŭm poepkessŭmnida.*

How do you do? (Hello!) *Annyŏng hasimnikka?*

How do you say that in Korean? *Kŭ kŏt han'-*

gungmal lo ŏttŏkhe mal hamnikka?
How early is it? *Ŏlmana illŭmnikka?*
How far is it? *Ŏlmana mŏmnikka?*
How late is it? *Ŏlmana nŭjŏssŭmnikka?*
How long is it? *Ŏlmana kimnikka?*
How long will it take? *Ŏlma tongan kŏllimnikka?*
How many (people) **are there?** *Kŏgi e mes saram i kesimnikka?*
How many (things) **are there?** *Kŏgi e mek kae na issŭmnikka?*
How much does it cost? *Kapsi ŏlma'mnikka?*
How much do you charge? *Kapsi ŏlma'mnikka?*
How much is it? *Ŏlma'mnikka?*
How much is left? *Ŏlmana namŏssŭmnikka?*
How old are you? (to an adult) *Yŏnse ka mech isimnikka?*
(to a child) *Nŏ messarini?*
How old is it? *Ŏlmana orae toen kŏs imnikka?*
How short is it? *Ŏlmana jjalbŭmnikka?*
How soon can you do it? *Ŏlmana ppalli hasil su issŭmnikka?*
How soon will it be ready? *Kŭ kŏt ŏnje toemnikka?*
hub cap (car) *k'aep*
huge *kŏdae han*
humid: It's h. *Mudŏpsŭmnida.*
hungry: Are you h.? *Sijang hasimnikka?*
I'm h. *Pae ka kop'ŭmnida.*
I'm not h. *Pae kop'uji ansŭmnida.*
hunting license *suryŏp myŏnhŏjŭng*
hurry: Are you in a h.? *Sigani pappŭsimnikka?*
Don't h.! *Ch'ŏnch'ŏn hi!*
I'm in a h. *Sigan i pappŭmnida.*
I'm not in a h. *Pyŏllo pappŭji ansŭmnida.*
Hurry! *Ppalli!*
hurt: Does it h.? *Ap'umnikka?*
Don't h. yourself! *Tach'iji an t'orok chosim hase yo!*

husband   68   **identification card**

It doesn't h. *Ap'uji ansŭmnida.*
It hurts. *Ap'umnida.*
husband (your) *chuin ŏrŭn*
    (my) *chuin*
hydrofoil *sujung iksŏn*
hypochondriac *uuljŭng hwanja*

I

I *na*
I'm fine, thank you. *Mugo hamnida, kamsa hamnida.*
I'm happy to meet you. *Ch'ŏŭm poepkessŭmnida.*
I'm looking for ... ... *ch'akko issŭmnida.*
I'm sorry! (Excuse me!) *Sille hamnida!*
    (I sympathize.) *P'ŏk an toessŭmnida.*
ice *ŏrŭm*
    a cake of i. *ŏrŭm han tŏngŏri*
    edible i. *mŏgnŭn ŏrŭm*
ice cream *aisŭ k'ŭrim*
    chocolate i. c. *ch'ok'orett'ŭ aisŭ k'ŭrim*
    vanilla i. c. *pinilla aisŭ k'ŭrim*

ice cream cone *aisŭ k'ŭrim k'ŏp kwaja*
ice cream soda *aisŭ k'ŭrim soda*
ice cream sundae *aisŭ k'ŭrim sŏnde*
ice cube *aisŭ k'yubŭ*
iced *ch'aege sikhin*
iced coffee *aisŭ k'ŏp'i*
iced tea *aisŭ t'i*
ice skates *pingsang sŭk'eit'ŭ*
ice skating *pingsang sŭk'eit'ŭ*
ice water *ŏrŭm mul*
icicle *kodŭrŭm*
icing (on cake) *kwaja e iphin sŏlt'ang*
idea: That's a good i. *Choŭn saenggak imnida.*
identification card *sinbunjŭng*

ignition — information desk

ignition (car) *chŏmhwa changch'i*
ignorant *musik han*
ill *pyŏngdŭn*
 Are you i.? *Pyŏng i nasyŏssŭmnikka?*
 He (she) is i. *Kŭ nŭn pyŏng i nassŭmnida.*
 I'm i. *Pyŏng i nassŭmnida.*
illegitimate child *sasaenga*
illness *pyŏng*
imitation *kajja*
immature *sŏngsuk haji anŭn*
immediately *chŭksiro*
Immigration Office *Imin Kwalligwa*
immigration officer *imin kwalli*
immoral *pudodŏk han*
immunization record *chusa kirok*
impatient *chogŭp han*
 Don't be i.! *Chogŭphi kulji mase yo!*
impolite *mure han*
important *chungyo han*
 It's i. *Chungyo han ir imnida.*
impossible: That's i. *Pulganŭng hamnida.*
inaccurate *chŏnghwak haji anŭn*
in a line *illyŏllo*
in & out *tŭrŏ watta na katta*
incense *hyang*
incense burner *hyangno*
inch *ch'i*
including bath (room charge) *mogyok'ang chegong*
including bath and meal (room charge) *mogyok'ang kwa siksa chegong*
income *suip*
income tax *sodŭkse*
income tax return *sin'go napsesŏ*
inconvenient *pulp'yŏn han*
incorrect *t'ŭllin*
indigestion *sohwa pullyang*
 I have i. *Sohwa ka an toemnida.*
inexpensive *pissaji anŭn*
infection *kamyŏm*
inferior *hawi e*
inferiority complex *yŏldŭnggam*
information (data) *ch'amgo chaeryo*
information desk *annaeso*
 Where's the i. d.? *Annaeso ka ŏdi issŭmnikka?*

injection — international money

injection (hypodermic) *chusa*
injured *pusang ŭl ibŭn*
ink (K.) *mok*, (W.) *ingk'ŭ*
inn (K.) *yŏnsuk*
inner tube (tire) *chyubŭ*
insane *mich'in*
insect *pŏlle*
insect repellent *mogi e an mullige hanŭn yak*
inside (indoors) *chiban*
inside (within) *an jjok*
inside the ... *an e*
inside out *twijiphin*
insomnia *pulmyŏngjŭng*
inspection (of car) *kŏmyŏl*
installment (payment) *punhwal*
installment plan (credit buying) *punhwalbul*
instant coffee *karu k'ŏp'i*
instead of ... *e taesin e*
instep (of shoe and foot) *tŭng*
insurance *pohŏm*
  car i. *chadongch'a pohŏm*
  fire i. *hwajae pohŏm*
  hospital i. *ŭryo pohŏm*
  life i. *saengmyŏng pohŏm*
  theft i. *tonan pohŏm*
  unemployment i. *siljik pohŏm*
insurance policy *pohŏm chŭnggwŏn*
insure: I want to i. this package. *I sop'o lŭl pohŏm e nŏkhessŭmnida.*
intelligent *yŏngmyŏng han*
interchangeable: They're i. *Kyoch'e hal su issŭmnida.*
interest (money) *ija*
interested: Are you i.? *Hŭngmi ka issŭsimnikka?*
  I'm i. *Hŭngmi ka issŭmnida.*
  I'm not i. *Pyŏllo hŭngmi ka ŏpsŭmnida.*
interesting: He (she) is i. *Kŭ nŭn chaemi innŭn saram imnida.*
  That's i.! *Kŭ kŏt chaemi issŭmnida!*
intermission (at a concert) *hyuke*
  (at the theater) *makkan*
intern (doctor) *int'ŏn*
international *kukchegan e*
international money order *kukche songgŭm sup'yo*

interpreter   71   **jewelry box**

interpreter *t'ongyŏk*
interruption *panghae*
intestine *naejang*
in the ... an *e*
introduce: May I i. Mr. ...?
   ... *lŭl sogae tŭril kka yo?*
introvert *naehyanghyŏng saram*
invalid (sick person) *pulguja*
invitation *ch'och'ŏng*
iodine *oktojŏnggi*
IOU *ch'ayongjŭng*

iris (flower) *nanch'o*
iron (metal) *soe*
iron (for pressing) (K.) *tarimi*
  electric i. *chŏn'gi tarimi*
  steam i. *sŭt'im airong*
ironing board *tarimidae*
island *sŏm*
itches: It i. *Karyŏpsŭmnida.*
itinerary *yŏjŏng*
ivory *sanga*
ivy *wŏlgesu*

J

jack (for car) *chaek'ŭ*
jack (playing card) *chaek'ŭ*
jacket: book j. *ch'aek k'aba*
  fur j. *mop'i chak'aett'ŭ*
  sports j. *sŭp'och'ŭ chyak'et'ŭ*
jade *pich'wi*
jail *kamok*
jam (preserves) *jjaem*
January *Irwŏl*
Japan *Ilbon*
jar *tanji*
  a j. of ... *han tanji*

jaw *t'ŏk*
jeans (dungarees) *chagŏppok paji*
jeep *chip'ŭ*
jellied *chaelliro toen*
jello *chaello*
jelly *chaelli*
jelly sandwich *chaelli ssaendŭwich'i*
Jesus Christ *Yesu Kŭrisŭdo*
jet plane *chet'ŭgi*
jewelry *posŏk*
jewelry box *posŏk ham*

jewelry shop *posŏk chŏm*
jigger (drink measure) *k'akt'eilyon chigŏ*
jigsaw puzzle *chogak kŭrim ŭl mach'unŭn nori*
job *chigŏp*
jockey *kyŏngma kisu*
jockstrap *undong sŏnsuyong komu ppanch'u*
joke *nongdam*
   practical j. *changnan*
   risqué j. *ŭmdam*
joker (playing card) *chok'ŏ*
journey *yŏhaeng*
judge (in court of law) *chaep'anwŏn*
juice *chyusŭ*
   apple j. *sagwa chyusŭ*
   fruit j. *kwasil chyusŭ*
   grape j. *p'odo chyusŭ*
   grapefruit j. *kurep'ŭhurŭt'ŭ chyusŭ*
   orange j. *oraenji chyusŭ*
   pineapple j. *p'ain chyusŭ*
   prune j. *p'ŭrŭn chyusŭ*
   tomato j. *tomado chyusŭ*
juice glass *chyusŭ kŭrasŭ*
jukebox *chyuk'u paksŭ*
July *Ch'irwŏl*
jump rope *chulttwigi*
June *Yuwŏl*
junk shop *komulsang*
juvenile delinquent *sonyŏn pŏmjoeja*

K

Keep this. *I kŏt kajiseyo.*
kennel *torang*
kerosene *sŏgyu*
ketchup *k'ech'ŏp*
kettle: tea k. *chujŏnja*
key (door) *yŏlsoe*
key (car ignition) *ch'a k'ii*
key ring *yŏlsoe kori*
kid (child) *ai*
kilogram *k'illokuram* (see also p. 179, Liquid and Linear Measures)
   a k. of ... *han k'illokuram*
kilometer *k'illomit'ŏ* (see also p. 179, Speed Table)
kind (polite) *ch'injŏl han*

kind: What k. is it? *Ŏttŏn chongnyu imnikka?*
kindergarten *yuch'iwŏn*
kindling wood *pul ssosigae*
king (playing card) *k'ing*
kiss *k'isŭ*
kitchen *puŏk*
kitchen cabinet *puŏk ch'anjang*
kitchen sink *puŏk kŭrŭt ssinnŭndae*
kitchen stove *puŏk sŭt'obŭ*
kitchen table *puŏk t'ebul*
kitchen towel *puŏk t'aol*
kitchenware *puŏk segan*
kite *yŏn*
kitten *saekki koyangi*
kleenex (K.) *hwajangji*, (W.) *k'ŭrineksŭ*
knee *murŭp*
knife *k'al*
  carving k. *sikt'agyong koki ssŏnŭn k'al*
  paring k. *yach'ae kkŏpchil pekkinŭn k'al*
knife sharpener *sut tol*
knitting *ttŭgaejil*
knitting needle *ttŭgaejil panŭl*
knitwear *t'ŏlsillo jjan ot*
knob *sonjabi*
knot *maedŭp*
know: Do you k.? *Asimnikka?*
  I don't k. *Morŭmnida.*
  I k. *Amnida.*
Korea: North K. *Pukhan*
  South K. *Taehan Min'guk*
Korean (citizen) *Han'guk Saram*
Korean (made in Korea) *Kuksan*
Korean (language) *Han'gungmal*
  How do you say that in K.? *Kŭ kŏt Han'gungmal lo ŏttŏkhe mal hamnikka?*
  I don't speak K. *Che ga Han'gungmal mot hamnida.*
  I don't understand K. *Han'gungmal morŭmnida.*
  What's this called in K.? *I kŏt Han'gungmal lo muŏrago hamnikka?*

L

label *sangp'yo*
labor pains *chint'ong*
lace *resŭ*
lacquer ware *otch'il iphin mulgŏn*
ladder *sadak tari*
ladies' room *puinyong hwajangsil*
  Where's the l. r.? *Puinyong hwajangsiri ŏdi e issŭmnikka?*
ladle *kukcha*
  gravy l. *kŭreibi kukcha*
lady *puin*
  young l. (unmarried) *ch'ŏnyŏ*
lake *hosu*
lamb (meat) *yang kogi*
  leg of l. *yang kogi tarit'ong*
lamb chop *raembu ch'yap*
lamb stew *raembu sŭt'yu*
lame *chŏllŭm pari e*
lamp *raemp'u*
  floor l. *sŭt'endŭ raemp'u*

sun l. *t'aeyangdŭng*
  table l. *t'ebul raemp'u*
lampshade *raemp'u kat*
landing (airplane) *ch'angnyuk*
landlady *chipchuin puin*
landlord *chip chuin*
language *ŏnŏ*
lantern (metal) *kaktŭng*
  (paper) *chedŭng*
  (stone) *sŏktŭng*
lap *murŭp*
lapel *chŏgori e chŏbŭn kit*
large *k'ŭn*
laryngitis *huduyŏm*
last (the) *majimak*
  next to l. *majimak ŭro put'ŏ tubŏnjjae*
last evening *ŏje chŏnyŏk*
last month *chinan tal*
last name *sŏngssi*
last night *ŏje pam*
last time *majimak*
last week *chinanju*

last year — left-handed

last year *changnyŏn*
late *nŭjŭn*
  Am I l.? *Nŭjŏssŭmnikka?*
  Don't be l.! *Nŭtjji mase yo!*
  How l. is it? *Ŏlmana nŭjŏssŭmnikka?*
  I'm l. *Nŭjŏssŭmnida.*
  Is it l.? *Nŭjŏssŭmnikka?*
  It's l. *Nŭjŏssŭmnida.*
lately *yosai*
later *najunge*
  I'll see you l. *Najunge poepkessŭmnida.*
Later! *Najunge!*
latest style: It's the l. s. *Ch'oesin yuhaeng imnida.*
laundress *set'ak hanŭn yŏja*
laundry (commercial) *set'akso*
  (soiled clothes) *set'ak mul*
lavatory *pyŏnso*
lawful *pŏmnyulsang e*
lawn *chandi pat*
lawn mower *chandi p'ul kkangnŭn kige*
lawyer *pyŏnhosa*
laxative *pyŏnbijŭng e mongnŭn yak*
lazy *keŭrŭn*
lead (metal) *nap*

leaf *ip*
leak *saenŭn mul*
lean meat *sal kogi*
leap year *yunnyŏn*
lease *keyak*
leash *kae lŭl maenŭn kajuk kkŭn*
leather *kajuk*
  alligator *agŏ kajuk*
  calfskin *songaji kajuk*
  patent l. *enamel kajuk*
  pigskin *toeji kajuk*
  snakeskin *paem kajuk*
leave: Are you leaving? *Kasimnikka?*
  Don't l.! *Kaji mase yo!*
  I'm leaving. *Kamnida.*
  I'm not leaving. *An kamnida.*
  I must be leaving now. *Ije kaya toegessŭmnida.*
  What time are you leaving? *Mes si e ttŏnamnikka?*
  What time does it l.? *Messi e ttŏnamnikka?*
lecture *kangŭi*
left (opposite of right) *oen jjok*
  Turn l.! *Oen jjokŭro tora chusipsiyo!*
left-handed *oen son chabi*

leftovers 76 **light**

leftovers (food) *mŏkko namŭn ŭmsik*
left side *oen p'yŏn*
  on the l. s. *oen p'yŏn e*
leg *tari*
legal *pŏmnyulsang e*
leisure time *han'ga han sigan*
lemon *remŏn*
lemon pie *remŏn p'ai*
lemon squeezer *remŏnjŭp jjanŭn kŭrŭt*
lemonade *remŏnneidu*
Lend me ..., please. *... chom pillyŏ chusipsiyo.*
Lengthen this, please. *I kiri chom nŭryŏ chusipsiyo.*
Lent *Sasunjŏl*
less *poda chŏgŭn*
  more or l. *taso*
letter (symbol) *kŭlja*
letter (epistle) *p'yŏnji*
  love l. *yŏnae p'yŏnji*
  registered l. *tŭnggi p'yŏnji*
  special-delivery l. *t'ŭkpyŏl paedal p'yŏnji*
letter of credit *sinyongjang*
letter opener *p'yŏnji yŏnŭn k'al*
lettuce *sangch'i*
  a head of l. *sangch'i han mŏri*
level *sup'yŏng e*
level-headed *punbyŏl innŭn*
liar *kŏjinmal changi*
librarian *tosŏgwanwŏn*
library *tosŏgwan*
license: dog l. *kae tŭngnokp'yo*
  driver's l. *unjŏn myŏnhŏjŭng*
  hunting l. *suryŏp myŏnhŏjŭng*
license plate (car) *ch'a pŏnho p'an*
lid (cover) *ttukkŏng*
lie (falsehood) *kŏjinmal*
lifeboat *kumyŏngsŏn*
lifeguard *haesuyokchang kamsiwŏn*
life insurance *saengmyŏng pohŏm*
life jacket *kumyŏng chyak'ett'u*
life preserver *kujodogu*
light (in weight) *kabyŏun*
  I want something lighter. *Chom tŏ kabyŏun kŏs ŭro chuse yo.*
light (natural) *ilgwang*
light (artificial) *pul pit*

light 77 live

traffic l. *kyot'ong sinhobul*
Turn off the l. *Pul chom kkŏ chusipsiyo.*
Turn on the l. *Pul chom k'yŏ chusipsiyo.*

light (in color): I want something lighter. *Chom tŏ pich'i yŏnhan kŏs ŭro chuse yo.*

light bulb *chŏn'gu*
lighter: cigarette l. *rait'a*
lighter flint *rait'a tol*
lighter fluid *rait'a kirŭm*
lighter gas *rait'a kkaesŭ*
light meter *rait mit'ŏ*
lightning *pŏngaeppul*
light switch *chŏn'gibul sŭwich'i*

like: Do you l. it? *Kŭ kŏt choŭsimnikka?*
I don't l. it. *Kŭ kŏt silsŭmnida.*
I l. it. *Kŭ kŏt chosŭmnida.*
I l. it very much. *Kŭ kŏt aju chosŭmnida.*

lilac *rairak*
limp *ch'uk nŭrojin*
line (queue) *yŏl*
in a l. *illyŏllo*
linen (bed) *hoch'ŏng*
(table) *sikt'akpo*

lingerie *puin sogot*
liniment *rinament'ŭ*
lining *an'gam*
linoleum *rinoryum*
lips *ipsul*
lipstick *rujyu*
lipstick brush *rujyu purŏswi*
liquid *aekch'e*
liquor (K.) *sul,* (W.) *yangju*
liquor store *sul kagae*
list (of items) *mongnok*
(of people) *myŏngbu*

Listen! *Marŭl tŭrŭse yo!*
listen: Are you l.? *Tŭkko kesimnikka?*
I'm l. *Tŭkko issŭmnida.*

liter *rit'ŏ* (see also p. 179, Liquid and Linear Measures)
a l. of ... *han rit'ŏ*

little (in size) *chagŭn*
too l. *nŏmu chagŭn*

little (in amount) *chogŭm*
a l. less *chogŭm tŏ chŏkke*
a l. more *chogŭm tŏ*
too l. *nŏmu chogŭm*

little by little *chogŭm ssik*

live: I l. at ... ... *esŏ salgo issŭmnida.*
Where do you l.? *Ŏdi e salgo kesimnikka?*

lively *saengsaeng han*
liver: beef l. *so kogi kan*
chicken l. *tak kogi kan*
human l. *kanjang*
living room *ŭngjŏpsil*
loafers (shoes) *p'yŏnghwa*
loaf of bread *ppang han tŏngŏri*
loan (a) *taebu*
lobster *pada kajae*
local anaesthetic *kukpu mach'wi*
local train *wanhaeng kich'a*
lock (a) *chamulsoe*
lock: L. the doors(s). *Mun ŭl chamgŭse yo.*
L. the window(s). *Ch'angmun ŭl chamguse yo.*
Did you l. the door(s)? *Mun ŭl chamgŏsse yo?*
Did you l. the window(s)? *Ch'angmun ŭl chamgŏsse yo?*
logs (for firewood) *jjokaeji anŭn t'ong changjak*
lollipop *rolli p'ap*
lonely *oeroun*
long (in time) *orae tongan*
Don't be l.! *Orae kŏlliji mase yo!*
How l. will it take? *Ŏlma tongan kŏllimnikka?*
It's been a l. time (since I last saw you). *Oraeganman imnida.*
It won't take l. *Orae kŏlliji ansŭmnida.*
long (in length) *kin*
How l. is it? *Ŏlmana kimnikka?*
It's too l. *Nŏmu kimnida.*
I want something longer. *Chom tŏ kin kŏs ŭro chuse yo.*
long-distance call *changgŏri chŏnhwa*
long-distance operator *changgŏri chŏnhwa kyohwansu*
long-playing record *elp'i p'an*
Look! *Pose yo!*
look: I'm l. for ... ... *ch'akko issŭmnida.*
Look out! *Chosim!*
loose *p'ullin*
loose powder (cosmetic) *karu pun*
Lord's Prayer *Chugidomun*
lose: Don't l. it! *Irŏ pŏriji mase yo!*
lost: I'm l. *Kirŭl irŏssŭmnida.*

lost & found — luxurious

I l. it. *Irŏ pŏryŏssŭmnida.*
lost & found office *punsilmul ssent'a*
lot (plot) *ttang*
lot: a l. *mani*
lotion: eye l. *anyak*
  hand l. *haendŭ rosyon*
lottery *pokkwŏn*
lotus *yŏn kkot*
loud: It's too l. (of the radio or TV) *Nŏmu sori ka k'ŭmnida.*
  You're too l. (to a child) *Nŏmu sikkŭrŏpta.*
love *sarang*
  I l. you. *Tangsin ŭl sarang hae yo.*
love affair *aejŏng kwan'ge*
love at first sight *ch'ŏum nun e tŭn*
love letter *yŏnae p'yŏnji*
love marriage *yŏnae kyŏrhon*
love song *sarang e norae*
lovely *arŭmdaun*
low (opposite of high) *yat'ŭn*
low-beam (car) *robim*
low-cut *ro k'att'ŭ*

lower berth *arae ch'imdae*
low-priced *kapsi ssan*
low tide *chŏjo*
Lubricate the car. *Mobiru chom nŏŏ chuse yo.* (see also p. 165, At the Service Station)
lubricating oil *mobiru*
lubrication (car) *chuyu*
luck: bad l. *agun*
  good l. *haeng'un*
  Good l.! *Haeng'un ŭl pimnida!*
lucky: I'm l. *Chŏ nŭn uni chosŭmnida.*
  You're l. *Uni chosŭmnida.*
lucky break *choŭn uni saengginŭn il*
lukewarm water *mijigŭn han mul*
lump (swelling) *puum*
lunch *chŏmsim*
  box l. (K.) *tosirak*
lunch meat (cold cuts) *rŏnch'i mit'ŭ*
luncheon (party) *och'an*
lunchtime *chŏmsim sigan*
lung *p'e*
luxurious *hohwaroun*

M

macaroni *magaroni*
machine *kige*
  sewing m. *chaebongt'ŭl*
mad (angry) *hwaga nan*
made-to-order *chumunp'um*
magazine *chapchi*
magnifying glass *hwaktaegyŏng*
magnifying mirror *hwaktae kŏul*
mahogany *mahogani*
  Philippine m. (lauan) *nawang*
maid (servant) *singmo* (see also p. 170, Interviewing a Maid)
maiden name *kusŏng*
mail *up'yŏn*
  air m. *hanggong up'yŏn*
mailbox *uch'et'ong*
mailman *up'yŏn paedalbu*
mail order *t'ongsin chumun*
make: I want to m. a ... ... *hana mandŭlgo sipsŭmnida.*
makeup (cosmetics) *hwajang*
man *namja*
  young m. (unmarried) *chŏlmŭn ch'ŏngnyŏn*
manager *chibaein*
Manhattan (cocktail) *Maenhaet'ŏn*
manicure *manik'yuŏ*
manicure scissors *manik'yuŏyong kawi*
manicurist *manik'yuŏ hanŭn saram*
Man overboard! *Saram mure ppajyŏtta!*
manufacturer *chejo ŏpcha*
many *manŭn*
  How m. (people) are there? *Kŏgi e mes saram i kesimnikka?*
  How m. (things) are there? *Kŏgi e mek kae na issŭmnikka?*

many more   81   **May I take this?**

too m. *nŏmu mani*
many more *tŏ mani*
map *chido*
  road m. *toro chido*
March *Samwŏl*
margarine *magarin*
marine (a) *haebyŏngdae*
marine (of the sea) *pada e*
marked-down *kapsŭl narin*
market *sijang*
marmalade *mamareidŭ*
marriage: arranged m. *chungmae kyŏrhon*
  love m. *yŏnae kyŏrhon*
married *kihon e*
  Are you m.? *Kihonja isimnikka?*
  I'm m. *Kihonja imnida.*
  I'm not m. *Kihonja ka an imnida.*
  We're m. *Pubu imnida.*
marshmallow *maswimaello*
martini (cocktail) *mart'ini*
martini glass *mart'ini kŭrasŭ*
mascara *masŭk'ara*
mashed potatoes *maeswi p'ot'aet'o*
mask *t'al*
masking tape *masŭk'ing t'ep'ŭ*
mason *sŏkkong*

mass (rite) *misa*
massage *anma*
  scalp m. *mŏri massaji*
masseur *anmasa*
masseuse *yŏja anmasa*
masterpiece *myŏngjak*
mat: floor m. *tot chari*
  place m. *t'ebulyong maet'ŭ*
match: sports m. *sihap*
match (for lighting) *sŏngnyang*
matchbox *sŏngnyang kap*
material (cloth) *kam*
matter: It doesn't m. *Sanggwan ŏpsŭmnida.*
  Something's the m. *Musŭn iri irŏnakkun yo.*
  What's the m.? *Wae kŭrŏsimnikka?*
mattress (K.) *yo*, (W.) *maech'uresŭ*
  air m. *eŏ maech'uresŭ*
mature *sŏngsuk han*
maximum *ch'oedae han*
May *Owŏl*
maybe *ama*
May I borrow this? *I kŏt chom pillil su issŭmnikka?*
May I see that? *Kŭ kŏt chom pwa to toemnikka?*
May I take this? *I kŏt kajŏ*

ka to toemnikka?
May I use the telephone? Chŏnhwa chom ssŏ to toemnikka?
May I use this? I kŏt chom ssŏ to toemnikka?
mayonnaise mayoneisŭ
mayor sijang
me na
  for (to) m. na ege
meadow mokch'oji
meal (repast) siksa
mealtime siksa sigan
mean: Do you m. it? Chŏngmal imnikka?
  What does this m.? I kŏt musŭn ttŭsimnikka?
  What do you m.? Musŭn malssŭm isimnikka?
measles honyŏk
measure: tape m. chulja
measuring cup punnyang chaenŭn k'ŏp
meat kogi
meatballs mit'ŭbol
meat market p'uju
mechanic (auto) surigong
medicine yak
medicine cabinet yakchang
medicine dropper yak e chŏmjŏkki
mediocre pot'ong e
medium (of broiled steak) midiŭm
  Make mine m. Chŏe kŏsŭn midiŭmŭ ro kuŏ chusipsiyo.
medium rare (of broiled steak) midiŭm roeŏ
  Make mine m. r. Chŏe kŏsŭn midiŭm roeŏ ro kuŏ chusipsiyo.
meet: I'm pleased to m. you. Ch'ŏŭm poepkessŭmnida.
  It was nice meeting you. Manna poeŏsŏ pan'gawŏssŭmnida.
meeting (a) hoei
melon mellon
melting: It's m. Nokko issŭmnida.
memo pad memojang
menopause wŏlgyŏng p'ejigi
men's room sinsayong hwajangsiri
  Where's the m. r.? Sinsayong hwajangsiri ŏdi e issŭmnikka?
menstruation wŏlgyŏng
mental hospital chŏngsin pyŏngwŏn

mention: Don't m. it. (You're welcome.) *Ch'ŏnman e yo.*

menu *menyu*
 Bring me the m., please. *Menyu chom katta chuse yo.*

merchandise *sangp'um*

merchant *sangin*

Merry Christmas! *Meri K'ŭrisŭmasŭ!*

merry-go-round *hoejŏn mongma*

message *messeji*
 I have (there's) a m. for you. *Chŏn hae tŭril malssŭm i issŭmnida.*

messenger *messenjŏ*

metal *kŭmsok*

meter *mit'o* (see also p. 179, Liquid and Linear Measures)

mezzanine *chungich'ŭng*

microphone *maik'ŭrŏp'on*

middle-aged *chungnyŏn e*

middle school (junior high) *chung hakkyo*

midnight *chajŏng*

migraine *p'yŏndut'ong*

mildew *komp'ang'i*

milk *uyu*
 a glass of m. *uyu han koppu*
 a liter of m. *uyu han rit'ŏ*
 butterm. *pŏt'ŏ milk'ŭ*
 chocolate m. *ch'ok'orett'ŭ milk'ŭ*
 condensed m. *yŏnyu*
 dried skim m. *turai sŭk'im milk'ŭ*
 evaporated m. *ebap'oreit'ŭ milk'ŭ*
 skim m. *t'alji uyu*

milk shake *milk'ŭ soeik'ŭ*

million *paengman*

mind: Did you change your m.? *Saenggak i talla chisyŏssŭmnikka?*
 Do you m. if I smoke? *Tambae chom p'iŏ to kwaench'ankhessŭmnikka?*
 I don't m. *Kwaench'ansŭmnida.*
 I've changed my m. *Saenggak i pyŏn haessŭmnida.*
 Never m.! *Kwaench'anna yo!*

mine: Is it m.? *Kŭ kŏt che kŏs imnikka?*
 It's m. *Kŭ kŏt che kŏs imnida.*

mineral oil   84   monthly

It's not m. *Kŭ kŏt che kŏs i an imnida.*
mineral oil *kwang yu*
mineral water *ch'ongnyang ŭmnyosu*
minimum *ch'oeso han*
mint (herb) *pakha*
minute (in time) *pun*
  a m. ago *ilbun chŏn e*
  Just a m.! *Chamgan man!*
  Wait a m.! *Chamgan man kidarise yo!*
mirror *kŏul*
  magnifying m. *hwaktaegyŏng*
  rearview m. *ppak'ŭ mirŏ*
  3-way m. *sammyŏn'gyŏng*
miscarriage (medical) *nakt'ae*
misdeal (in a card game) *p'ae lŭl chalmot tollim*
Miss *Misŭ*
mist *an'gae*
mistake *chalmot*
mistaken: Aren't you m.? *Chalmos i anil kka yo?*
  I'm m. *Chŏ e chalmos imnida.*
misty: It's m. *An'gae ka chaok hamnida.*
mittens *pŏngŏri changgap*

mixer (electric) *honhapki*
mixing bowl *mikssingbol*
mix-up *hollan*
modern *hyŏndae e*
modest *kyŏmson han*
moist *ch'ukch'uk han*
molar *ŏgŭmni*
molasses *tangmil*
mom *ŏmma*
Monday *Wŏryoil*
money *ton*
  I don't have any m. *Ton ŏpsŏ yo.*
money order *up'yŏn t'ongsanghwan*
monkey *wŏnsŭng'i*
monkey wrench *mongk'i sŭp'ana*
monotonous *chiru han*
month *tal*
  all m. *han tal naenae*
  a m. ago *handal chŏn e*
  every m. *maedal*
  last m. *chinan tal*
  next m. *taŭm tal*
  once a m. *han tare hanbŏn*
  this m. *i tal*
  twice a m. *han tare tubŏn*
  (see also p. 177, Months of the Year)
monthly *maedal*

monthly magazine *maedalji*
monthly payment *wŏlbu*
monument *kinyŏmbi*
moon *tal*
   full m. *porŭm tal*
   half-m. *pandal*
   new m. *ch'osaeng tal*
mop (for dust) *mŏnji tangnŭn marŭn mop'ŭ*
   (wet) *mop'ŭ*
more *tŏ*
   a little m. *chogŭm tŏ*
   Is there any m.? *Chogŭm tŏ issŭmnikka?*
   many m. *tŏ mani*
   May I have some m.? *Chom tŏ chusigessŭmnikka?*
   much m. *tŏ mani*
   No m., thank you. *Ije koman chusipiiyo, kamsa hamnida.*
   once m. *hanbŏn tŏ*
   one m. *hana tŏ*
   some m. *chom tŏ*
   There isn't any m. *Ije ŏpsŭmnida.*
   Will you have some m.? *Chom tŏ tŭril kka yo?*
more or less *taeryak*

more than once *hanbŏn isang*
morning *ach'im*
   all m. *ach'im naenae*
   during the m. *ach'im tongan e*
   every m. *maeil ach'im*
   Good m.! *Annyŏng hasimnikka!*
   in the m. *ach'im e*
   this m. *onŭl ach'im*
   tomorrow m. *naeil ach'im*
   yesterday m. *ŏje ach'im*
mortgage *chŏdang*
mosquito *mogi*
mosquito bite *mogi mullim*
mosquito net *mogijang*
moth *nabang*
moth balls *chomyak*
mother (your) *moch'in*
   (my) *ŏmŏni*
mother-in-law (your) *simonim*
   (my) *siŏmŏni*
motor *mot'ŏ*
motorbike *mot'ŏ pai*
motorboat *mot'ŏ ppot'ŭ*
motorcycle *mot'ŏ pai*
motorman (street car) *unjŏnsu*
motor scooter *mot'ŏ sŭk'u-*

mould 86 myself

t'ŏ
mould (fungus) *komp'ang'i*
mouldy *komp'ang'i nan*
mountain *san*
mountains (range) *sanmaek*
mouse *saengjwi*
mousetrap *chwitŏt*
mouth *ip*
mouthful *ip han kadŭk*
mouthwash *ip ka sinŭn yak*
move: Don't m.! *Umjigiji mase yo!*
movie *yŏnghwa*
movie actor *yŏnghwa paeu*
movie actress *yŏnghwa yŏ paeu*
movie camera (portable) *mubi k'amera*
movie theater (cinema) *yŏnghwagwan*
movies (films) *yŏnghwa*
moving van *isajim sillŭn ch'urŏk*
mower: lawn m. *chandi p'ul kkangnŭn kige*
Mr. *Misut'ŏ*
Mrs. *Misessŭ*
much *taryang e*
How m. is it? *Ŏlma'mnikka?*
How m. is left? *Ŏlmana namossŭmnikka?*
too m. *nŏmu mani*
much more *tŏ mani*
mud *chinch'ang*
muddy *chinch'ang t'usŏng'i e*
muffin *map'in*
muffin tin *map'in kumnŭn kŭrŭt*
muffler (car) *mahŭra*
muffler (scarf) *mahŭra*
mumps *yuhaengsŏng ihasŏngyŏm*
muscle *kŭnyuk*
museum *pangmulgwan*
mushroom *pŏsŏt*
music *ŭmak*
musician *ŭmakka*
mustache *k'ot suyŏm*
mustard *kyŏja*
my *na e*
myself *na chasin*
Can I do it m.? *Che ka honja hal su issŭmnikka?*
I can do it m. *Che ka honja hal su issŭmnida.*
I can't do it m. *Che ka honja hal su ŏpsŭmnida.*

N

nail (hardware) *mot*
nail: fingern. *sont'op*
  toen. *palt'op*
nail clippers *sont'op kkakke*
nail file *sont'opjul*
nail polish *sont'opch'il*
nail-polish remover *sont'op ch'il ttangnŭn yak*
naked *pŏlgosungi e*
name *irŭm*
  first n. *irŭm*
  Give me your n. and address. *Irŭm kwa chuso lŭl chom chusipsiyo.*
  Here's my n. and address. *Yŏgi e chŏ e irŭm kwa chuso ka issŭmnida.*
  last n. *sŏngssi*
  maiden n. *kusŏng*
  My n. is ... *Chŏe e irŭm ŭn ... imnida.*
  nickname *pyŏlmyŏng*
  What's your n.? *Sŏngham i muŏsimnikka?*

napkin *nap'uk'in*
napkin ring *nap'uk'in kkinŭn ring*
narrow *chobŭn*
narrow-minded *maŭm i chobŭn*
national park *kungnip kong wŏn*
native *pont'oin*
naughty: Don't be n.! (to a child) *Kkabulji marŏ!*
  That's n.! (to a child) *Kkabulji ma!*
naughty child *changnan kkurŏgi*
nausea *mŏlmi*
nauseated: I feel n. *T'o hal kŏt kassŭmnida.*
navel *paekkop*
navel orange *neibul*
nearby *kŭnch'ŏ*
near-sighted *kŭnsi*
near the ... *e kyŏt'e*
neat *choch'ol han*

necessary 88 **next week**

necessary: Is it n.? *Kkok haeya toemnikka?*
It isn't n. *An hae to toemnida.*
It's n. *Kkok haeya toemnida.*
neck (of the body) *mok*
I have a stiff n. *Kogae lŭl chom ppiŏssŭmnida.*
necklace *mokkŏri*
necktie *nekt'ai*
need: Do you n. any? *Chom p'iryo hasimnikka?*
I don't n. any. *Chogŭm to p'iryo ŏpsŭmnida.*
I n. some. *Chogŭm p'iryo hamnida.*
needle *panŭl*
negative (photo) *wŏnp'an*
negligée *sillaebok*
negligent *tŭnghan han*
Negro *Hŭgin*
neighbor *iŭt saram*
neighborhood *iŭt*
neighboring *injŏp han*
nephew *chok'a*
nerve-racking: It's n.-r. *Chŏngsin i ppajimnida.*
nervous *maŭm i puran han*
nervous breakdown *sin'gyŏng soeyak*

neurotic *noirojee kŏllin*
Never again! *Chŏldaero tasi an hae!*
Never mind! *Kwaench'anna yo!*
new *saeroun*
newlyweds *sinhon pubu*
news *nyusŭ*
newspaper *sinmun*
newspaper boy (who delivers) *sinmun paedalbu*
newsreel *nyusŭ yŏnghwa*
New Year: Happy N. Y.! *Sae hae e pok mani padŭsipsiyo!*
New Year's Day *Chŏngwŏl Ch'oharu*
New Year's Eve *Sŏttal Kŭmŭm Nal Pam*
New Zealand *Nyujillandŭ*
New Zealander *Nyujillandŭ Saram*
New Zealand Embassy *Nyujillandŭ Taesagwan*
next *taŭm*
next-door *yŏpchip*
next month *taŭm tal*
next time *taŭm pŏn*
next to last *majimak ŭro put'ŏ tubŏnjjae*
next week *taŭmju*

next year — November

next year *naenyŏn*
nice *choŭn*
nickname *pyŏlmyŏng*
niece *chok'a*
night *pam*
  all n. *pamsae*
  during the n. *pam e*
  every n. *maeil pam*
  Good n.! (Sleep well!) *Annyŏng'i chumusipsiyo!*
  last n. *ŏje pam*
  overn. *haru pam ŭl mukta*
  tomorrow n. *naeil pam*
nightcap (drink) *pam sul*
night club *nait'ŭ k'ullŏp*
nightgown *nait'ŭ kkaun*
nightmare *angmong*
night table *ch'imdae yŏphe noin t'ebul*
nine (items, persons) *ahop* (see also p. 175, Numbers and Counting)
nipple (rubber) *uyubyŏng chŏt kkokchi*
No! (Don't do that; I don't like it; etc.) *Ani!*
No! (That's wrong!) *Kŭrŏch'i ansŭmnida!*
nobody *amu to ŏpsŭm*
noise *sori*
noisy *sikkŭrŏun*

No kidding! *Chŏngmal imnikka!*
no more *koman*
No more, thank you. *Koman, kamsa hamnida.*
nonchalant *mugwansim han*
noncommissioned officer *hasagwan*
noodles *kuksu*
noon *chŏng o*
  this n. *onŭl chŏng o*
  tomorrow n. *naeil chŏng o*
  yesterday n. *ŏje chŏng o*
no one *amutŏ ŏpsŭm*
noontime *han nat*
north *puk jjok*
North America *Pungmi*
nose *k'o*
nosebleed *k'op'i*
  I have a n. *K'op'i ka namnida.*
nose drops *k'o yak*
nostril *k'o kumŏng*
notebook *kongch'aek*
nothing *amu kŏtto ŏpsŭm*
no trump (at bridge) *sŏnsu p'ae ŏpsi hanŭn*
not yet *ajik to*
novel (story) *sosŏl*
novelist *sosŏlga*
November *Sibirwŏl*

novocaine *nobok'ein*
now *chigŭm*
nowadays *yojŭŭm*
now & then *ittagŭm*
nowhere *amu kot to anin*
nude *nach'e e*
numb *mabi toen*
number *pŏnho*
  cabin n. *sŏnsil pŏnho*
  flight n. *pihaeng pŏnho*
  room n. *pang pŏnho*
  seat n. *chwasŏk pŏnho*
  telephone n. *chŏnhwa pŏnho*
  track n. (RR) *ch'ŏllo pŏnho*
  (see also p. 175, Numbers and Counting)
nurse *kanhobu* (see also p. 169, Health Problems)

nursemaid *yumo*
nursery *yugasil*
  day n. *t'agaso*
  tree n. *yangsikchang*
nursery school *poyugwŏn*
nursing bottle *agi uyubyŏng*
nut (hardware) *not'ŭ*
nut *kyŏn'gwa*
  almond *almŏndŭ*
  chestn. *pam*
  pean. *ttang k'ong*
  pecan *p'ik'an*
  pine n. *chat*
  waln. *hodu*
nutcracker *chat jjipkkae*
nutmeg *yuktugu e ssi*
nylon *nairon*
nylons (stockings) *nairon yangmal*

O

obedient *kongsun han*
oblong *changbanghyŏng e*
obstetrician *sangwa ŭsa*
occupied: Is this seat o.? *I chari nuga mat'ŭn chari imnikka?*
  This seat is o. *Mat'a non chari imnida.*
ocean *pata*
o'clock *si*
October *Siwŏl*
octopus *munŏ*

oculist *an'gwa ŭsa*
odd (strange): That's o. *Isang hae yo.*
odd number *kisu*
odor *naemsae*
Of course! (I will!) *Ne, kkok hagessŭmnida!*
 (That's right!) *Kŭrŏsŭmnida!*
off & on *ttaettaero*
office *samusil*
 branch o. *chisa*
 head o. *ponsa*
office building *op'isŭ pilding*
officer (military) *changgyo*
often *chaju*
oil *kirŭm*
 fuel o. *kyŏng yu*
 lubricating o. *mobiru*
 mineral o. *kwang yu*
 olive o. *ollibŭ kirŭm*
 salad o. *salladŭ kirŭm*
oil filter (car) *oil hwilt'a*
oil painting *yuhwa*
ointment *yŏn'go*
O.K. *O.K'e.*
old (of persons) *nŭlgŭn*
 How o. are you? (to an adult) *Yŏnseka metchisimnika?*
 How o. are you? (to a child) *Nŏ messarini?*
old (of things) *hŏn*
 How o. is it? *Ŏlmana orae toen kŏsimnikka?*
old-fashioned *kusik*
old maid (unmarried woman) *noch'ŏnyŏ*
olive *ollibŭ*
olive oil *ollibŭ kirŭm*
omelet *omuret*
once *hanbŏn*
 all at o. *han kkŏbŏn e*
 more than o. *hanbŏn isang*
once a day *haru e han pŏn*
once a month *han tare hanbŏn*
once a week *iljuil e han pŏn*
once a year *illyŏn e han pŏn*
once more *hanbŏn tŏ*
Once upon a time ... *yennal yejjŏk e*
one (item, person) *hana* (see also p. 175, Numbers and Counting)
one by one *hana ssik*
one more *hana tŏ*
one quarter *sabunjiil*
one third *sambuneil*
one-way street *ilbang t'onghaengno*
one-way ticket *tanhaeng-*

one-way traffic *ilbang t'onghaeng*
onion *yangp'a*
only: Is that the o. one? *Kŭ kŏt hana ppun imnikka?* That's the o. one. *Kŭ kŏt hana ppun imnida.*
on order *chumun jung*
on the ... *wi e*
on time *sigan e mach'ŏsŏ*
on top of *... wi e*
open: Is it o.? *An yŏrŏssŭmnikka?* It's not o. *Yŏrŏssŭmnida.* It's o. *Yŏllŏssŭmnida.* What time does it o.? *Messi e mun ŭl yŏmnikka?*
opener: bottle o. *pyŏng magae ttagae* can o. *t'ongjorim t'ong ttagae*
open house (reception) *ilban konggae*
opening (job) *piin chari*
Open the window (door). *Ch'angmun (mun) chom yŏrŏ chuse yo.*
opera (K.) *ch'anggŭk*
operation (surgical) *susul*
operator (beauty shop) *miyongsa*
operator (telephone) *kyohwansu*
opponent *chŏktaeja*
opposite (the) *pandae*
opposite direction *pandae panghyang*
opposite side *pandae jjok*
opposite the ... *e pandae*
or *hogŭn*
orange (color) *oraenji saek*
orange (fruit) *oraenji* navel o. *neibul* tangerine *milgam*
orangeade *orenjeidŭ*
orange juice *oraenji chyusŭ*
orangewood stick *namu son t'op k'al*
orchestra *kwanhyŏn aktan*
orchestra seat *t'ŭktŭngsŏk*
order: made-to-o. *chumunp'um* on o. *chumun jung* out of o. *kojang i nan*
Orient *Tongyang*
Oriental (person) *Tongyang-in*
Oriental (pertaining to the Orient) *Tongyangsik*
original *wŏllae e*
orphan *koa*

orphan asylum *koawŏn*
other one *tarŭn kŏt*
others (people) *nam*
  (things) *tarŭn kŏt tŭl*
Ouch! *Aya!*
our *uri*
ours: Is it o.? *Kŭ kŏt uri kŏs imnikka?*
  It's not o. *Kŭ kŏt uri kŏsi an imnida.*
  It's o. *Kŭ kŏt uri kŏs imnida.*
out: Get o.! *Nagase yo!*
  in & o. *tŭrŏ watta na katta*
outboard motor *mot'ŏ ppot'ŭ yong e mot'ŏ*
outdoors *pakkat*
outlet (electrical) *inch'ulgu*
out of breath: Are you o. o. b.? *Sum i ch'asimnikka?*
  I'm o. o. b. *Sum i ch'amnida.*
out of order *kojang i nan*
outside (outdoors) *pakkat*
outside (the) *oebu*
outside the ... *ppakk e*
oval *t'awŏnhyŏng*
oven *hwadŏk*
oven mitt *hwadŏgyong tukkŏun changgap*
oven timer *hwadŏgŭl sayong hal ttae ssnŭn sige*
oven proof (cookware) *pure tŭrŏ ka to kkaeŏjiji anŭn kŭrŭt*
overboard *ppakŭro*
  Man o.! *Saram mure ppajyŏtta!*
overcoat *oba k'ot'ŭ*
overcooked *nŏmu ikhin*
overcrowed *nŏmu honjap han*
overdose *kwaryang*
overexposed (film) *noch'ul kwado toen*
overhead (running expenses) *ch'onggyŏngbi*
overhead (above) *wi*
over here *yŏgi*
overnight *haru pam ŭl mukta*
overpass *kogado*
overseas *haeoe*
overseas call (telephone) *kukche chŏnhwa*
overshoes *tŏssin*
over the ... *nŏmŏ e*
over there *chŏgi*
overtime *oba t'aim*
overtrick (at bridge) *oba t'ŭrik*
overweight (baggage) *chungnyang ch'ogwa*

overweight (person) *nŏmu pidae han*
overworked *kwaro han*

oxfords (shoes) *kkŭn tallin yat'ŭn kudu*
oyster *kul*

P

Pacific Ocean *T'aep'yŏngyang*
pacifier (for babies) *ŏrin aegi ppanŭn komu chŏt kkokchi*
pack of cards *k'adŭ hanbŏl*
pack of chewing gum *kkŏm han t'ong*
pack of cigarettes *tambae han kwak*
package *sop'o*
pad (for writing) *chapkijang*
padded bra *sogŭl taen purajyŏ*
paddy field *non*
padlock *chamulsoe*
page (of a book) *p'eiji*
pagoda *t'ap*
pail *mult'ong*
pain *ap'um*
  I have a p. here. *Yŏgi ka ap'ŭmnida.*

painful: Is it p.? *Ap'ŭmnikka?*
  It's not p. *An ap'umnida.*
  It's p. *Ap'umnida.*
paint *p'eint'ŭ*
paintbrush *p'eint'ŭ sol*
painter (artist) *hwaga*
painting *kŭrim*
paint roller *kullyŏ kamyŏ p'eint'ŭ ch'il hanŭn kigu*
paint thinner *p'eint'ŭ lŭl yŏlpke hanŭn t'erebin kirŭm*
pair of gloves *changgap han k'yŏre*
pair of pants *paji han pŏl*
pair of shoes *sinbal han k'yŏlle*
pair of stockings *kin yangmal han k'yŏlle*
pair of trousers *paji han pŏl*

pair of undershorts *sok paji han pŏl*
pajamas *p'ajama*
pal *ch'in han ch'in'gu*
palace *kungjŏn*
pale *ch'angbaek han*
   You look p. *Ansaegi ch'angbaek hae poimnida.*
palm (of the hand) *son patak*
Palm Sunday *Chongnyŏ Chuil*
pan *napjjak han nambi*
   dishp. *sŏlgŏji kŭrŭt*
pancake *p'aen k'eik'ŭ*
pansy *kkokka chebi kkot*
panties *ppanssŭ*
pantry *singnyop'um chŏjangsil*
pants *paji*
   a pair of p. *paji han pŏl*
   underp. *sok paji*
panty girdle *k'orsett'ŭ*
paper *chongi*
   a piece (sheet) of p. *chongi han chogak*
   carbon p. *k'abonji*
   newsp. *sinmun*
   sandp. *sap'o*
   tissue p. *hwajangji*
   toilet p. (K.) *pyŏnso hyuji*
   toilet p. (W.) *hwajangji*
   tracing p. *t'usaji*
   typing p. *t'aip'ŭ yongji*
   wallp. *pyŏkchi*
   wax p. *p'arap'in chongi*
   wrapping p. *p'ojangji*
   writing p. *p'yŏnjiji*
paperback (book) *chongiro p'yoji han ch'aek*
paper clip *chongi chipke*
paperweight *munjin*
paprika *p'ap'urik'a*
parade *siwi*
paraffin *p'arap'in*
parakeet *aengmusae chongnyu e sae*
parallel *p'yŏnghaeng*
parasol *p'arasol*
parcel *sop'o*
pardon: I beg your p. *Choesong hamnida.*
Pardon me! *Sille hamnida!*
parents (your) *pumonim* (my) *pumo*
paring knife *yach'ae kkŏpchil pekkinŭn k'al*
park (tract of land) *kong wŏn*
   national p. *kungnip kong wŏn*
parking lot *chuch'ajang*
parsley *p'asŭlli*
part (hair) *karima*

partner   96   **pepper**

partner *p'at'ŭnŏ*
part-time *sigan kŭnmu*
part-time employment *sigan kŭnmu chigŏp*
party (fete) *p'at'i*
  birthday p. *saengil chanch'i*
  bridge p. *puriji p'at'i*
  dinner p. *tinŏ p'at'i*
party bridge *p'ati puriji*
pass (identification card) *sinbunjŭng*
passenger (on ship) *sŏn'gaek*
  (on plane, train, bus, streetcar) *sŭnggaek*
passenger train *yŏgaek yŏlch'a*
passport *yŏgwŏn*
past (the) *kwagŏ*
  in the p. *kwagŏ e*
paste (adhesive) *p'ul*
  toothp. *ch'iyak*
pastime *orak*
pastry *k'eik'ŭ chongnyu e ŭmsik*
pastry shop *k'eik'ŭjŏm*
patent leather *enamel kajuk*
path *kil*
patient (a) *hwanja*
patient (without complaint) *ch'amŭlsŏng i innŭn*
  Be p.! *Ch'amŭsipsiyo!*

pattern (for dresses, etc.) *pon*
payday *ponggŭbil*
peace *p'yŏnghwa*
peaceful *p'yŏnghwa sŭrŏun*
peach *poksunga*
peanut *ttang k'ong*
peanut butter *ttang k'ong ppada*
peanut-butter sandwich *ttang k'ong ppada ssaendŭwich'i*
pear *pae*
pearl *chinju*
pearl necklace *chinju mokkŏri*
peas *wandu k'ong*
pea soup *wandu k'ongguk*
pecan *p'ik'an*
pediatrician *soagwa usa*
pen (for writing) *p'en*
  ball-point p. *polp'en*
pencil *yŏnp'il*
pencil sharpener *yŏnp'il kkakkae*
penicillin *p'enisiring*
people *saram'dŭl*
pepper (green) *p'ap'urik'a*
  (ground black) *kan huch'u karu*
  (K. red) *koch'u karu*

| peppermint candy | 97 | pin |

peppermint candy *pakha sat'ang*
pepper shaker *sikt'agyong huch'ubyŏng*
percent *p'ŏsent'u*
perfume *hyangsu*
perhaps *ama*
permanent wave *p'ama*
persimmon *kam*
person *saram*
perspiration *ttam*
perspiring: I'm p. *Ttam i namnida.*
petunia *p'ech'unia*
pew *kyohoedang ane chwasŏk*
pharmacy *yakbang*
Philippine Islands *P'illip'in Kundo*
phone *chŏnhwa*
phone call *chŏnhwa*
phone number *chŏnhwa pŏnho*
phonograph *ch'ugŭmgi*
phonograph record *rek'odu*
photograph *sajin*
photo studio *sajingwan*
photo supply shop *sajin chaeryo sangjŏm*
piano *p'iano*
piano tuner *p'iano choyulsa*

pickles (K.) *oiji*
picnic *p'ik'ŭnik'ŭ*
picture *kŭrim*
picture frame *sajint'ŭl*
picture postcard *kŭrim yŏpsŏ*
pie *p'ai*
  apple p. *aep'ul p'ai*
  chocolate p. *ch'ok'orett'ŭ p'ai*
  custard p. *k'asŭt'adŭ p'ai*
  lemon p. *remon p'ai*
piece (a) *chogak*
  a p. of bread (cake) *ppang (k'ek'ŭ) han chogak*
  a p. of paper *chongi han chogak*
piecrust *p'ai k'urosŭt'ŭ*
pie tin *p'ai kumnŭn naembi*
pig *toeji*
pigskin (leather) *toeji kajuk*
pigtail (braid) *ttaa naerin mŏri*
pill *allyak*
pillow *pyŏgae*
pillowcase *pyŏgaenit*
pilot (airplane) *pihaeng sa*
pilot light (gas stove) *p'airot'ŭ reit'ŭ*
pimple *yŏdŭrŭm*
pin: bowling p. *p'in*

pinball   98   **pneumonia**

safety p. *anjŏnp'in*
straight p. *p'in*
pinball (game) *p'inbol*
pineapple *p'ainap'ul*
pineapple juice *p'ain chyusŭ*
pine nut *chat*
pink *punhong*
pinking shears *t'omni kawi*
pipe (metal) *kwan*
pipe (K., bamboo, for smoking) *tambaetae*, (W., for smoking) *p'aip'ŭ*
pipe cleaner *p'aip'ŭ ssusigae*
pipe rack *p'aip'ŭ kŏri*
pipe tobacco *p'aip'ŭyong tambae*
piston (car) *p'isŭt'on*
pit (kernel) *ssi*
pitcher (for liquids) *mul chujŏnja*
  cream p. *kŭrim kŭrŭt*
pity: I p. you. *Tongjŏngi kamnida.*
  What a p.! *P'ŏk an toessŭmnida.*
place mat (for the table) *t'ebulyong maet'ŭ*
plaid (material) *ch'angsal muni*
plain (ordinary) *kkumim ŏmnŭn*
plaster cast (for broken bone) *sŏkwa kibŭsŭ*
plate (dish) *chŏpsi*
platform: RR station p. *p'uraet'ŭhom*
platform ticket *chŏnggŏjang ipchanggwŏn*
platter (dish) *k'ŭn chŏpsi*
play (theatrical) *yŏn'gŭk*
playboy *p'ŭrei poi*
playground *ŏrini norit'ŏ*
playing card (K.) *hwat'u*, (W.) *t'ŭrŏmp'u*
playmate *nori ch'in'gu*
playpen *p'ŭreip'en*
Please. (Take it. Go ahead.) *Chebal.*
  (Bring me. Give me.) *Chusipsiyo.*
  (Help me. Wait on me.) *Chom put'ak hamnida.*
pleat *churŭm*
pliers *p'ench'i*
plug (electric) *p'ŭllŏgŭ*
plum *oyat*
plumber *yŏn'gwan'gong*
plump *sari jjin*
plywood *hap'an*
p.m. *ohu*
pneumonia *p'eyŏm*

poached egg *p'och'i aegŭ*
P.O. box *up'yŏn'guk sasŏham*
pocket *hojumŏni*
pocketbook *haendŭ ppaek*
poem *si*
poet *siin*
poetry *unmun*
pointed *ppyojok han*
points (car) *p'oint'ŭ*
poised: She's very p. *P'ŏk kosang han pun imnida.*
poison *tok*
police *kyŏngch'al*
police box *p'ach'ulso*
policeman *sun'gyŏng*
  Call a p., please. *Sun'gyŏng chŏm pullŏ chuse yo.*
police station *kyŏngch'also*
policy: insurance p. *pohŏm chŭnggwŏn*
polish: brass p. *nossoe ttangnŭn yak*
  furniture p. *kagu ttangnŭn yak*
  nail p. *sont'opch'il*
  shoe p. *kudu yak*
  silver p. *ŭn kŭrŭt ttangnŭn yak*
polish remover (for nail polish) *sont'opch'il ttangnŭn yak*
polite *chŏngjung han*
pond *mot*
pony *chagŭn mal*
ponytail (hairdo) *p'oni t'eŏ mŏri*
pool (swimming) *suyŏngp'ul*
poor *kanan han*
poor sport *chŏjo han kyŏnggi*
popcorn *t'wigin oksusu*
Pope *Romagyohwang*
popsicle *aisŭ k'aendi*
popular: He (she) is very p. *Kŭ nŭn in'gi ka manŭn saram imnida.*
  It's a p. place. *In'gi innŭn kos imnida.*
  You're very p. *Koengjang'i in'gi lŭl kkŭsimnida.*
porcelain *sagi*
pork *toeji kogi*
pork chop *p'ŏk'ŭ ch'yap*
pork cutlet *p'ŏk'ŭ k'at'ŭrett'ŭ*
pork roast *p'ŏk'ŭ rosŭt'ŭ*
porter *kunae unbanin*
post (mil.) *ch'oso*
  off p. *ch'oso pakke*
  on p. *ch'oso ane*
postage stamp *up'yo*
postbox *u'chaet'ong*

postcard   100   private school

postcard *yŏpsŏ*
postman *up'yŏn paedalbu*
post office *uch'eguk*
pot (cooking) *naembi*
potato *kamja*
  baked p. *peik'ŭ p'ot'aet'o*
  boiled p. *salmŭn kamja*
  fried potatoes *hurai p'ot'aet'o*
  mashed potatoes *maeswi p'ot'aet'o*
  sweet p. *koguma*
potato chips *yalpke sson kamja t'wigim*
potato salad *p'ot'aet'o salladŭ*
pot holder (oven mitt) *hwadŏgyŏng tukkŏun changgap*
pottery *togi chejosul*
poultry *kagŭm*
pound (unit of weight) *kŭn*
  a p. of ... *han kŭn*
poverty *pin'gon*
powder: face p. *pun*
  soap p. *pinu karu*
  tooth p. *ch'ibun*
powder base (cosmetic) *mit hwajang*
powdered sugar *karu sŏlt'ang*

powder puff *punch'ŏp*
practical joke *changnan*
prayer *kido*
prayer beads (Buddhist) *yŏmju*
preferred stock *usŏnju*
pregnant *imsin*
prep school *taehak yebi hakkyo*
prescription (doctor's) *ch'ŏbang*
present (gift) *sŏnmul*
present (time) *hyŏnjae*
president (of a company) *sajang*
pretty *yeppŭn*
price *kagyŏk*
price of admission *ipjangnyo*
prickly heat (rash) *ttam tti*
priest (Buddhist) *sŭngnyŏ*
  (Christian) *moksa*
priestess (Shamanist) *mudang*
print (photo) *inhwa*
printed fabric *muni ka innŭn ot kam*
prison *hyŏngmuso*
private *kaein e*
private room *tokpang*
private school (American

profession — purse

profession *chigŏp*
professor *kyosu*
profile *yŏp ŏlgul*
program *p'ŭrogŭraem*
projector (movie) *yŏngsagi*
  (slide) *t'usagi*
promise (a) *yaksok*
Promise! *Kkok haeya toemnida!*
promissory note *yaksok ŏŭm*
prompt *nalssaen*
propane gas *p'ŭrop'an kasŭ*
prostitute *maech'unbu*
protein *tanbaekchil*
Protestant *Sin'gyodo*
proud *charang sŭrŏun*
prune juice *p'ŭrŭn chyusŭ*
prunes (cooked in syrup) *salmŭn p'urun*
  (dried) *oyas ŭl mallin p'urun*
pruning shears *namu kaji ch'inŭn kawi*
psalm *ch'ansŏngga*
psychiatrist *chongsin'gwa ŭsa*
ptomaine poisoning *tomain chungdok*
public *kongjung*
  in p. *konggongyŏn hi*
public bath (K.) *kongjungt'ang*
public school (American style) *kongnip hakkyo*
public toilet *kongjung pyŏnso*
pudding *p'uding*
puddle *hŭkt'angmul*
Pull! *Chaba tanggise yo!*
pullover sweater *aphi makhin set'a*
pump (shoe) *p'ŏmp'ŭsŭ*
  (for tires) *ppomppu*
pun *sinsori*
punch (beverage) *p'ŏnch'i*
punctual *yaksok sigan ŭl ŏmsu hanŭn*
punishment *ch'ŏbŏl*
puppet *kkoktu kaksi*
puppy *kang aji*
purchase (a) *mulgŏn ŭl sada*
pure *sunsu han*
purebred *sunjong*
pure silk *pon'gyŏn*
purple *chaju pit*
purpose: on p. *ilburŏ*
purse (handbag) *haendŭ ppaek*
  change p. *ton chigap*
  evening p. *p'at'i yong haendŭ ppaek*

purser's office (on shipboard) *samujang*

pus *korŭm*

Push! *Mirŭse yo!*
 Don't p.! *Milji mase yo!*

put: Don't p. it away! *Ch'iuji mase yo!*
 Don't p. it back! *Toru katta noch'i mase yo!*
 Don't p. it down! *Naeryŏ korŭm*
 noch'i mase yo!
Put it away! *Ch'iuse yo!*
Put it back! *Che charie katta noŭse yo!*
Put it down! *Naeryŏ nwa yo!*
puzzle: crossword p. *k'ŭrosŭ wŏdŭ p'ŏjŭl*
 jigsaw p. *chogak kŭrim ŭl mach'unŭn nori*

Q

quantity *punnyang*
quarrel (a) *mal tat'um*
 Don't q.! *Tat'uji mara!*
quart *k'wŏrt'ŭ*
quarter: one q. *sabunji il*
 three q. *sabunjisam*
quarter of an hour *sibobun*
queen (playing card) *k'win*
queer (strange) *koesang han*
question (a) *chilmun*
 Do you have a q.? *Chilmun i issŭsimnikka?*
 May I ask you a q.? *Han kaji chilmun ŭl haedo toemnikka?*
quick *ppallŭn*
 Be q.! *Ppalli!*
quickly: Come q.! *Ppalli ose yo!*
quick-tempered *sŏnggyŏg i kŭphan*
quiet *choyong han*
 Be q.! *Choyong hi!*
quilt (K.) *ibul*

R

racetrack *kyŏngmajang*
rack: pipe r. *p'aip'ŭ kŏri*
  towel r. *sugŏn kŏri*
racket: tennis r. *t'enisŭ rak'et'ŭ*
radiator *sŭt'im changch'i*
  car r. *rajiet'a*
radio *radio*
  transistor r. *t'ŭraenjisŭt'ŏ radio*
radio announcer *anaunsŏ*
radio station *pangsongguk*
radish *muu*
rag (for cleaning) *kŏlle*
railroad *ch'ŏldo*
railroad car *kaekch'a*
railroad crossing *ch'ŏldo kŏnnŏlmok*
railroad station *yŏk*
railroad track *kich'asŏnno*
railroad train *kich'a*
rain (the) *pi*
  Do you think it's going to r.? *Pi ka ol kŏt kassŭmnikka?*
  I don't think it's going to r. *Pi ka ol kŏt katch'i ansŭmnida.*
  Is it raining? *Pi ka omnikka?*
  I think it's going to r. *Pi ka ol kŏt kassŭmnida.*
  It's not raining. *Pi ka an omnida.*
  It's raining. *Pi ka omnida.*
  It's raining cats and dogs. *Pi ka chuljul naerimnida.*
  It's stopped raining. *Pi ka mŏjŏssŭmnida.*
rainstorm *p'okp'ung u*
rainwater *pinmul*
rainy season *changmach'ŏl*
raisin *kŏnp'odo*
raisin bread *kŏnp'odo ppang*
rake (garden) *kalk'wi*
rape (seduction) *kanggan*
rare (of broiled steak) *roeŏ*
  Make mine r. *Chŏe kŏsŭn*

roeŏ ro kuŏ chusipsiyo.
rash (skin eruption) *paljin*
raspberry *namu ttalki*
rat *chwi*
rattrap *chwitŏt*
rattan *tŭngnamu*
rattle (child's) *tallaeng'i changnan kam*
raw (uncooked) *saeng*
raw egg *saeng talgyal*
raw silk *saeng myŏngju*
razor *myŏndo k'al*
razor blade *myŏndo k'allal*
ready: Are you r.? *Chunbi toesyŏssŭmnikka?*
  I'm not r. *Ajik chunbi ka an toessŭmnida.*
  I'm r. *Chunbi ta toessŭmnida.*
  Is it r.? *Kŭ kŏt ta toessŭmnikka?*
  It's r. *Ta toessŭmnida.*
  When will it be r.? *Ŏnje toemnikka?*
  When will you be r.? *Ŏnje chunbi toegissŭmnikka?*
ready-made (clothes) *kisŏngbok*
ready-mix (cake mixes, etc.) *miksŭ*
ready-to-wear (clothes) *kyugyŏge match'uŏ mandŭn ot*
real *silje*
real estate *pudongsan*
real estate agent *poktŏkpang*
rearview mirror *ppak'ŭ mirŏ*
receipt *yŏngsujŭng*
recently *ch'oegŭn*
recipe *yoribŏp*
record (phonograph) *rek'odŭ*
  forty-five r.p.m. *sasibo alp'iem rek'odŭ*
  long-playing r. *elp'i p'an*
record player *chŏnch'uk*
recording tape *nogŭm t'ep'ŭ*
recreation *rek'ŭrieisyon*
red *ppalgan*
Red Cross *Chŏksipja*
redhead *ppalgan mŏri*
red light (traffic signal) *chŏksinho*
red pepper (K.) *koch'u*
red tape (excessive routine) *hyŏngsikchui*
reduced (as sale goods) *kapsŭl ttŏlgun*
red wine *pulgŭn p'odoju*
refined (well-mannered) *seryŏn toen*

refreshments *ŭmryosu*
refrigerator *naengjanggo*
register (at the ward office): Where do I r.? *Ŏdi sŏ tŭngnok ŭl hamnikka?*
registered letter *tŭnggi p'yŏnji*
registration: alien r. *oegugin tŭngnok*
   car r. *ch'a tŭngnok*
regular *kyuch'ikchŏk*
rehearsal *yŏnsŭp*
relaxed *kinjang ŭl p'urŭn*
remember: Do you r.? *Kiŏk hasimnikka?*
   I don't r. *Kiŏk i an namnida.*
   I r. *Kiŏk i namnida.*
renew: I want to r. my visa. *Choe pija lŭl kaengsin hago sipsŭmnida.*
renewal (subscription) *chaegeyak*
rent (money) *chipse*
rental agent *poktŏkpang*
rental agent fee *poktŏkpangbi*
Repeat that, please. *Tasi malssŭm hae chusipsiyo.*
report card (from school) *sŏngjŏkp'yo*

reservation: I have a r. *Yeyak ŭl hae noannŭnde yo.*
reserved (shy) *sujubŏ hanŭn*
reserved seat *yeyaksŏk*
reserved table *yeyaksŏk*
resort *yuramji*
   ski r. *sŭk'ijang*
   summer r. *p'isŏji*
rest (a) *hyusik*
   (the) *namŏji*
restaurant *ŭmsikchŏm*
return trip *wangbok yŏhaeng*
reverse (the) *pandae*
   in r. (gear) *ppakk'ŭ*
revolving door *sipcha hoejŏnmun*
revue (dance act) *rebyu*
reward *posu*
rheumatism *rumŏt'isŭm*
rib *kalbittae*
ribbon *ribon*
   typewriter r. *t'aip'ŭrait'ŏ ribon*
rice (cooked) *ssalbap*
   a bowl of r. *pap han sabal*
rice (uncooked) *ssal*
   a kilo of r. *ssal han k'iro*
   a pound of r. *ssal han kŭn*
rice paddy *non*
rich *pugwi han*

ride   106   **roller**

ride: I want to r. in a ... ... *chom t'ago sipsŭmnida.*

riding (on horseback) *sŭngma*

riding boots *sŭngmayong changhwa*

riding breeches *sŭngmayong chŭbong*

riding habit *puinyong sŭngmabok*

riding school *sŭngma hakkyo*

right: All r.! *Chosŭmnida!*
   I'm r. *Naega majŏ yo.*
   Is it all r.? *Kwaenchansŭmnikka?*
   It's (that's) all r. *Kwaenchansŭmnida.*
   That's r. *Majassŭmnida.*
   You're r. *Massŭmnida.*

right (opposite of left) *orŭn jjok*
   Turn r.! *Parŭn jjokŭro tora chusipsiyo!*

right away *kot*
   I'm coming r. a. *Chigŭm kot omnida.*
   Do it r. a.! *Kot hasipsiyo!*

right-handed *orŭn sonjabi*

right side (opposite of left side) *orŭn p'yŏn*
   on the r. s. *orŭn jjok e*

right side (of material) *kŏt*

rind *kkŏpchil*

ring (for the finger) *panji*
   engagement r. *yakhon panji*
   wedding r. *kyŏrhon panji*

rinse (color, for hair) *k'alla rinsŭ*

rinsing (a) *rinsŭ*

ripe (as of fruit) *igŭn*

risqué joke *ŭmdam*

river *kang*

riverbank *tuk*

road *kil*

road map *toro chido*

roast (meat) *rosŭt'ŭ*

roast beef *rosŭt'ŭ pihu*

roast chicken *rosŭt'ŭ ch'ik'ing*

roast duck *rosŭt'ŭ tŏk'ŭ*

roast turkey *rosŭt'ŭ t'ŏlk'i*

rock & roll *rok'ŭ enro*

rocking chair *hŭndŭl ŭja*

rod: curtain r. *k'ŏt'inkŏnŭn tae*
   fishing r. *naksi tae*

roll (bread) *chagŭn ppang*

roller (for hair) *rollŏ*
   (for painting) *kullyŏ kamyŏ*

p'eint'ŭ ch'il hanŭn kigu
roller skates rollŏ sŭk'eit'ŭ
rolling pin rolling p'in
romantic romaent'ik
roof chibung
rooftop chibung kkoktaegi
room (space) changso
room (house or hotel) pang
room & board hasuk
room number pang pŏnho
root (of a plant) ppuri
rope chul
rosary (prayer beads) rojario
rose (flower) changmi kot
rosebush changmi kkot tŏmbul
rouge yŏnji
rough (surface, texture) kkŏlkkŏl han
(person) kŏch'irŭn
round tunggŭn
round-shouldered ŏkkae ka ch'yŏjin
round-trip ticket wangbok-p'yo
rubber (in bridge) samhoe sŭngbu
rubber band komujul
rubber boots komu changhwa
rubber shoes (K.) komusin
rubbish ssŭregi
rudder k'i
rude (impolite) muryŏ han
rug yungdan
ruler (for measuring) cha
rum ramju
rumor p'ungsŏl
run (in nylons) churi kan
run: Don't r.! Ttwiji mase yo!
rush hour rŏswi awŏ
rust nok
rusty noksŭrŭn
rye bread homil ppang

S

saccharin sak'arin
sad sŭlp'ŭn
saddle anjang
safe anjŏn han

safety belt — sane

safety belt *anjŏndae*
safety pin *anjŏnp'in*
sail (sheet) *tot*
sailboat *tottanbae*
sailor (mil.) *subyŏng*
sailor (seaman) *subu*
salad *salladŭ*
  chicken s. *talk kogi salladŭ*
  fruit s. *kwasil salladŭ*
  potato s. *p'ot'aet'o salladŭ*
  tossed green s. *yach'ae salladŭ*
  tuna-fish s. *t'una salladŭ*
salad bowl *salladŭbol*
salad dressing *salladŭyong sosŭ*
salad oil *salladŭ kirŭm*
salary (monthly) *wŏlgŭp*
sale: Is this for s.? *I kŏt p'asinŭn mulgŏn imnikka?*
  on s. (at a reduced price) *yŏmga maemae*
salesclerk *chŏmwŏn*
saliva *ch'im*
salmon *yŏnŏ*
salt *sogŭm*
salt shaker *sikt'agyong sogŭmbyŏng*
salt water *jjanmul*
salty *jjan*
same (the) *kat'ŭn*
  Is it the s. thing? *Kat'ŭn kŏs imnikka?*
  It's not the s. thing. *Kat'ŭn kŏs i an imnida.*
  It's the s. thing. *Kat'ŭn kŏs imnida.*
sample *kyŏnbon*
sanatorium *yoyangso*
sand *morae*
sandals *saendul*
  straw s. (K.) *chipsin*
sandpaper *sap'o*
sandwich *ssaendŭwich'i*
  cheese s. *ch'ijŭ ssaendŭwich'i*
  chicken s. *ch'ik'ing ssaendŭwich'i*
  egg-salad s. *aegŭ salladŭ ssaendŭwich'i*
  grilled-cheese s. *kŭril ch'ijŭ ssaendŭwich'i*
  ham & cheese s. *ham ch'ijŭ ssaendŭwich'i*
  ham s. *haem ssaendŭwich'i*
  jelly s. *chaelli ssaendŭwich'i*
  peanut-butter s. *ttang k'ong ppada ssandŭwich'i*
  tuna-fish-salad s. *t'una salladŭ ssaendŭwich'i*
sandy *morae*
sane *chejŏngsin e*

Santa Claus — school holiday

Santa Claus *Saent'o K'ŭlloju*
sardine *chŏngŏri*
satin *kongdan*
satisfied: Are you s.? *Manjok hasimnikka?*
　I'm not s. *Pulman sŭropsŭmnida.*
　I'm s. *Manjok hamnida.*
Saturday *T'oyoil*
sauce *ssosŭ*
saucepan *naembi*
saucer (for cup) *k'ŏp ŭl pach'inŭn chŏpsi*
sauerkraut *ssawŏ k'ŭraŭt'ŭ*
sausage *ssoseji*
savings *chŏch'uk*
savings account *chŏch'uk yegŭm*
saw (tool) *t'op*
Say! *Chŏ!*
say: How do you s. that in Korean? *Kŭ kŏt Han'gungmal lo ŏttŏkhe mal hamnikka?*
　What did he (she) s.? *Kŭ i ka muŏra mal haessŭmnikka?*
　What did you s.? *Muŏrago hasyŏssŭmnikka?*
scallops (shell fish) *karibi*

scalp massage *mŏri massaji*
scandal *choch'i mot han somun*
scar *sangch'ŏro in han hŭm*
scarce *pujok han*
scared: Are you s.? *Kŏbi namnikka?*
　I'm not s. *Musŏpji ansŭmnida.*
　I'm s. *Kŏbi namnida.*
scarf *sŭk'alp'u*
scenery *p'unggyŏng*
schedule *siganp'yo*
　train s. *kich'a siganp'yo*
school *hakkyo*
　boarding s. *kisuk hakkyo*
　elementary s. *ch'odŭng hakkyo*
　high s. *kodŭng hakkyo*
　kindergarten *yuch'iwŏn*
　middle s. (junior high) *chung hakkyo*
　nursery s. *poyugwŏn*
　prep school *taehak yebi hakkyo*
　private s. (American style) *sarip hakkyo*
　public s. (American style) *kongnip hakkyo*
　Sunday s. *Chuil hakkyo*
school holiday *panghak*

school term *hakki*
scissors *kawi*
  manicure s. *manik'yuŏyong kawi*
  toenail s. *palt'op kkangnŭn kawi*
Scotch (whisky) *Sŭk'ach'i*
Scotch & soda *Sŭk'ach'i soda*
Scotch & water *Sŭk'ach'i wŏt'ŏ*
scotch (cello) **tape** *sŭk'ach'i t'ep'ŭ*
scouring powder *kŭrŭt tangnŭn yak*
scrambled egg *sŭk'ŭrambul aegŭ*
scrapbook *suk'ŭraep'ŭbuk*
scrap paper *memoji*
scratch (a) *kŭlk'yŏsŏ nan sangch'ŏ*
screen (to keep out insects) *sŭk'ŭrin ch'angmun*
screen (for slide & movie projection) *sŭk'ŭrin*
screen (K., decorative) *pyŏngp'ung*
screw (hardware) *nasa*
screwdriver *tŭraibo*
scroll (K., hanging) *chokcha*
sculptor *chogakka*

sculpture *chogangmul*
sea *pada*
seafood *haesan singnyop'um*
seal (stamp) *tojang*
seam *solgi*
sea shell *chogabi*
seashore *pada ka*
seasick *pae mŏlmi*
  Do you feel s.? *Pae mŏlmi ka nasimnikka?*
  I don't feel s. *Pae mŏlmi ka an namnida.*
  I feel s. *Pae mŏlmi ka namnida.*
season ticket *chŏnggi ipchanggwŏn*
seat (theater, train, etc.) *chwasŏk*
seat belt (safety device) *anjŏndae*
seat number *chwasŏk pŏnho*
seaweed (edible) *kim* (for soup) *miyŏk*
second (in time) *ch'o*
second (the) *tuljjae*
second floor (American) *ich'ŭng*
second floor (European) *samch'ŭng*
secondhand *chunggo e*
second hand (on the clock)

secret — shallow

secret *ch'och'im pimil*

secretary (private) *pisŏ*

securities (stocks & bonds) *yuga chŭnggwŏn*

sedative *chinjŏngje*

see: I'll s. you later. *Najung e poepkessŭmnida.*
I'll s. you tomorrow. *Naeil poepkessŭmnida.*
I s. (I understand.) *Algessŭmnida.*
I want to s. ... ... *chom pogo sipsŭmnida.*
May I s. that? *Kŭ kŏt chom poyŏ chusipsiyo?*

seesaw *ssissŏ*

self-centered *chagi chungsim e*

selfish *igijui e*
Don't be s.! (to a child) *Yoksim puriji marŏ.*

sell: I want to s. my ... ... *p'algo sipsŭmnida.*

senile *nosoe han*

sensible *punbyŏl innŭn*

separate *pulli toen*

Separate checks, please. *Kesansŏ ttaro ttaro mandŭrŏ chuse yo.*

September *Kuwŏl*

servant (maid) *singmo*
(man) *hain*

service station *chuyuso* (see also p. 165, At the Service Station)

set (hair) *sett'ŭ*

set of golf clubs *kolp'u k'ŭrŏp sett'ŭ*

set of silver (flatware) *naihu hwŏk'ŭ sett'ŭ*

seven (items, persons) *ilgop* (see also p. 175, Numbers and Counting)

several *sŏnŏgae*

sew: S. on this button, please. *I tanch'u lŭl chom tara chusipsiyo.*
Will you s. this, please? *I kŏt chom kkwemae chusigessŭmnikka?*

sewing machine *chaebongt'ŭl*

sex *sŏng*
female s. *yŏsŏng*
male s. *namsŏng*

shade (from the sun) *kŭnŭl*

shade (for light bulb) *kat*
lamps. *raemp'u kat*

shadow *kŭrimja*

shady *kŭnŭljin*

shallow *yat'ŭn*

shame — shoe repair shop

shame: That's (it's) a s. *An toessŭmnida.*
shampoo (for hair) *syamp'u*
shampoo set *syamp'u hago sett'u*
sharp *nalk'aroun*
Sharpen this knife, please. *I k'al chom kara chuse yo.*
shave (a) *myŏndo*
shaver (electric) *chŏn'gi myŏndogi*
shaving brush *myŏndo sol*
shaving cream *myŏndoyong k'ŭrim*
she *kŭ yŏja*
shears: pinking s. *t'omni kawi*
  pruning s. *namu kaji ch'inŭn kawi*
sheer (material) *t'umyŏng han*
sheet: a. s. of paper *chongi han chang*
  bed s. *ch'imdae hoch'ŏng*
  cookie s. *kwaja kumnŭn p'an*
shelf *sŏnban*
shell: eggs. *talgyal kkŏpchil*
  seas. *chogabi*
sherbet *siŏbŏt'ŭ*
ship *pae*

shipwreck *nansŏn*
shirt *syassŭ*
  dress s. *wai syassŭ*
  sport s. *not'ai syassŭ*
  sweat s. *undongyong tut'ŏun mumyŏng set'a*
  unders. *sok syassŭ*
shiver: I'm shivering. (with cold) *Ohan i namnida.*
  It makes me s. *Mom i tŏldŏl ttŏllige hamnida.*
shoe(s) (K.) *sinbal*
  a pair of s. *sinbal han k'yŏlle*
  rubber s. *komusin*
  straw sandals *chipsin*
shoe(s) (W.) *kudu*
  a pair of s. *kudu han k'yŏlle*
  loafers *p'yŏnghwa*
  oxfords *kkŭn tallin yat'ŭn kudu*
  pumps *p'ŏmp'ŭsŭ*
  sandals *saendal*
  tennis s. *undonghwa*
shoebrush *kudussol*
shoehorn *kudu chugŏk*
shoelace *kudu kkŭn*
shoemaker *kudujangi*
shoe polish *kudu yak*
shoe repair shop *kudu susŏn*

shoeshine — shutter

shoeshine *kudu takki*
shoeshop *kudujŏm*
shop (a) *sangjŏm*
shopping *mulgŏn sagi* (see also p. 160, General Shopping Phrases)
shopworn *kagae esŏ orae toen*
short (in length) *jjalbŭn*
   How s. is it? *Ŏlmana jjalbŭmnikka?*
   It's too s. *Nŏmu jjalbŭmnida.*
short (opposite of tall) *k'i ka chagŭn*
short circuit *nujŏn*
shortcut *chirŭmgil*
Shorten this, please. *I kŏt chom jjalpke hae chuse yo.*
shortening (pastry ingredient) *syot'ŭning*
shorter: I want something s. *Chom tŏ jjalbŭn kŏs ŭro chuse yo.*
shorthand *sokgi*
shorts *jjalbŭn paji*
   unders. *sok paji*
short story *tanp'yŏn sosŏl*
short-tempered *sŏnggyŏk i kŭp han*
short-waisted *hŏri ka jjalbŭn*

shot (injection) *chusa*
shoulder *ŏkkae*
shoulder strap *kkŭn*
shovel *sap*
show (exhibition) *chŏllamhoe*
   (film) *yŏnghwa*
show: I'll s. you how to go. (to taxi driver) *Kanŭn kil ŭl allyŏ tŭrigessŭmnida.*
   Let me s. you. *Poyŏ tŭril kka yo.*
shower (rain) *sonagi*
   (bath) *syawa*
shower curtain *syawa k'ŏt'in*
Show me. *Chom poyŏ chusipsiyo.*
Show me that, please. *Chŏkŏt chom poyŏ chusipsiyo.*
shrimp *saeu*
shrine (Confucian) *sadang*
   (Shamanist) *sŏnangdang*
shrink: Will this material s.? *I ot kam mure tŭrŏ kamyŏn churŭmnikka?*
shuffle (of cards) *ch'imnida*
   It's your s. *Sŏnsaengnim ch'are imnida.*
shutter (window) *kŏtch'ang*

shy   114   **single**

(camera) *syatt'a*
shy *sujup̆un*
Siberia *Siberiya*
sick: Are you s.? *Mom i ap'ŭsimnikka?*
  Do you feel s.? *Mom i pulp'yŏn hasimnikka?*
  I feel s. *Mom i chom pulp'yŏn hamnida.*
  I'm not s. *Ap'uji ansŭmnida.*
  I'm s. *Mom i ap'umnida.*
  (see also p. 169, Health Problems)
sickness *pyŏng*
side (the) *kyŏt*
  on the s. *kyŏt'e*
  the left s. *oen p'yŏn*
  the right s. *orŭn p'yŏn*
  the right s. (of material) *kŏt*
  the wrong s. (of material) *twijip'hin an jjok*
sideboard (buffet) *ch'anjang maru*
sideburns *kwiyŏphe t'ŏl*
sidewalk *podo*
sideways *yŏp kŏrŭm*
sieve *ch'e*
sifter (cooking utensil) *ch'e*
sigh (a) *hansum*

sightseeing *kwan'gwang*
sightseeing bus *kwan'gwang ppŏsŭ*
silence *ch'immuk*
silk *pidan*
  raw s. *saeng myŏngju*
silk thread *myŏngju sil*
silkworm *nue*
sill: doors. *munjibang*
  windows. *ch'angmun chibang*
silly *ŏrisŏgŭn*
silver (metal) *ŭn*
  a set of s. (flatware) *naihu hwŏk'u sett'ŭ*
  sterling s. *sunŭn*
silver (money) *ŭnhwa*
silver plate *ŭnmekki*
silver polish *ŭn kŭrŭt ttangnŭn yak*
silverware *ŭn kŭrŭt*
simple *tansun han*
sincere *chinsil han*
singer *kasu*
single: Are you s.? *Kyŏrhon ajik an hasyŏssŭmnikka?*
  He's s. *Kŭ i nŭn toksin imnida.*
  I'm s. (spoken by a man) *Chŏ nŭn ajik toksin imnida.*

single bed — Sit down!

I'm s. (spoken by a woman) *Chŏ nŭn ajik kyŏrhon an haessŭmnida.*

Is he s.? *Kŭ i mihonja imnikka?*

Is she s.? *Kŭ yŏja mihonja imnikka?*

She's s. *Kŭ yŏja nŭn mihonja imnida.*

single bed *irinyong ch'imdae*

single man *toksin namja*

single room (in a hotel) *ssinggŭl*

single woman (spinster) *noch'ŏnyŏ*

single woman (young eligible) *ch'ŏnyŏ*

sink: bathroom s. *semyŏndae* kitchen s. *puŏk kŭrŭt ssinnŭndae*

sister (your older, speaking to a man) *nunim toesinŭn pun*

(your younger, speaking to a man) *nui tongsaeng toesinŭn pun*

(your older, speaking to a woman) *hyŏngnim toesinŭn pun*

(your younger, speaking to a woman) *tongsaeng toesinŭn pun*

(my older, spoken by a man) *chŏe nui*

(my younger, spoken by a man) *chŏe nuidongsaeng*

(my older, spoken by a woman) *chŏe ŏnni*

(my younger, spoken by a woman) *chŏe tongsaeng*

sister-in-law (your older brother's wife, speaking to a man) *hyŏngsu toesinŭn pun*

(your younger brother's wife, speaking to a man) *chesu toesinŭn pun*

(your older/younger brother's wife, speaking to a woman) *olk'ae toesinŭn pun*

(my older brother's wife, spoken by a man) *chŏe hyŏngsu*

(my younger brother's wife, spoken by a man) *chŏe chesu*

(my older/younger brother's wife, spoken by a woman) *chŏe olk'ae*

Sit down! *Anjusipsiyo!*

sitter (for children) *ai ponŭn saram*
six (items, persons) *yŏsŏt* (*see also* p. 175, Numbers and Counting)
size *ssaijŭ*
  extra-large s. *t'ŭkpyŏri k'ŭn ssaijŭ*
  I take s. ... *Chŏe ssaijŭ nŭn ... imnida.*
  large s. *k'ŭn ssaijŭ*
  medium s. *chung ssaijŭ*
  small s. *chagŭn ssaijŭ*
  What s. is it? *I kŏsŭn ssaijŭ ka muŏs imnikka?*
skate(s): ice s. *pingsang sŭk'eit'ŭ hwa*
  roller s. *rollŏ sŭk'eit'ŭ*
skater *sŭk'eit'ŭ t'anŭn saram*
skating *sŭk'eit'ing*
skating rink *sŭk'eit'ŭjang*
ski(s) *sŭk'i*
ski binding *sŭk'i e pal mukkŭm*
ski boots *sŭk'iyong changhwa*
skiing *sŭk'i*
ski lift *sŭk'i rip'ŭt'ŭ*
skim milk *t'alji uyu*
skimpy *insaek han*
skin (of an animal) *kajuk*
  (of fruit) *kkŏpchil*
(human) *p'ibu*
skin diving *sŭk'in taibing*
ski poles *sŭk'i p'ol*
ski resort *sŭk'ijang*
skirt (K.) *ch'ima*, (W.) *sŭk'ŏt'ŭ*
sky *hanŭl*
slacks *yangbok paji*
slam (in bridge) *chŏnsŭng hada*
slang *sogŏ*
sled *ssŏlmae*
sleep: I couldn't s. last night. *Ŏje pam e chamul pyŏllo mot jassŭmnida.*
  I want to s. late. *Nŭjjam ŭl chago sipsŭmnida.*
sleeping bag *sŭrip'ing paegŭ*
sleeping car (RR) *ch'imdaech'a*
sleeping pill *sumyŏnje*
sleepy *cholliun*
  Are you s.? *Chollisimnikka?*
  I'm not s. *Chollipchi ansŭmnida.*
  I'm s. *Chollimnida.*
Sleep well! *Annyŏng'i chumusipsiyo!*
sleeve *somae*
  half-s. *pansomae*

sleeveless 117 smile

sleeveless *somae ŏmnŭn*
slender *nalssin han*
slice (a) *han chogak*
  a s. of bread (cake) *ssŏn ppang(k'ek'ŭ) han chogak*
slide (photo) *sŭraidŭ*
sliding door *midaji*
slim *nalssin han*
slip (undergarment) *sok ch'ima*
  Is my s. showing? *Sok ch'ima ka poimnikka?*
  Your s. is showing. *Sok ch'ima ka poimnida.*
slip: Don't s.! *Mikkŭrŏjiji mase yo!*
  That was a s. of the tongue. *Mari hŏnnagassŭmnida.*
slipcover *k'aba*
slipper *sŭrippŏ*
slippery *mikkŭrŏun*
sloppy (careless) *chŏngdonjŏgi anin*
slot machine *chadong tobakki*
slow *nŭrin*
  My watch is s. *Chŏe sige ka nŭkke kamnida.*
  Your watch is s. *Taege sige ka nŭkke kamnida.*

slower: Drive s.! *Sokto lŭl chom nŭtch'yŏ chuse yo!*
slowly *ch'ŏnch'ŏni*
  Speak more s., please. *Chom tŏ ch'ŏnch'ŏnhi malssŭm hae chuse yo.*
slow-motion *sŭro mosyon*
slum *pinmin'gul*
slush (soft snow) *chin nun kkaebi*
small *chagŭn*
  too s. *nŏmu chakta*
small change *chandon*
smaller: I want something s. *Chom tŏ chagŭn kŏs ŭro chuse yo.*
small slam (in bridge) *sŭmol sŭraem*
smart (intelligent) *yŏngni han*
smell (odor) *naemsae*
smell: I s. smoke. *Muŏt t'anŭn naemsae ka namnida.*
  Something smells bad. *Choch'i anŭn naemse ka namnida.*
  Something smells good. *Choŭn naemsae ka namnida.*
smile (a) *usŭm*

smoke (vapor) *yŏn'gi*
  Do you mind if I s.? *Tambae chom p'iŏ to toegessŭmnikka?*
  I smell s. *Muŏt t'anŭn naemsae ka namnida.*
smoky *yŏn'gi ka chauk han*
smooth *maekkŭrŏun*
snack *kansik*
  afternoon s. *ohu kansik*
snake *paem*
snakeskin *paem kajuk*
snap (fastener) *ttokttak tanch'u*
snapshot *sŭnaep*
sneeze (a) *chaech'igi*
snorkel *sŭnolk'ol*
snow (the) *nun*
snow: Do you think it's going to s.? *Nun i ol kŏt kassŭmnikka?*
  Has it stopped snowing? *Nun i mŏjŏssŭmnikka?*
  I don't think it's going to s. *Nun i ol kŏt kajji ansŭmnida.*
  Is it snowing? *Nun i omnikka?*
  I think it's going to s. *Nun i ol kŏt kassŭmnida.*
  It's not snowing. *Nun i an omnida.*
  It's snowing. *Nun i omnida.*
  It's stopped snowing. *Nun i mŏjŏssŭmnida.*
snowball *nundong'i*
snowflake *nun song'i*
snowman *nun saram*
snowplow *chesŏlki*
snowstorm *p'oksŏl*
snowsuit (coverall for children) *panghanbok*
snug *adam han*
so: Do you think s.? *Kŭrŏt'ago saenggak hasimnikka?*
  Is that s.? *Kŭrŏse yo?*
  I don't think s. *Kŭrŏch'i ant'ago saenggak hamnida.*
  I don't think s., either. *Chŏdo kŭrŏch'i ant'ago saenggak hamnida.*
  I think s. *Kŭrŏt'ago saenggak hamnida.*
So am I. *Chŏdo.*
soap *pinu*
  a cake of s. *pinu han tŏngŏri*
soap dish *pinu kwak*
soap powder *pinu karu*

soapsuds *pinu kŏp'um*
sober (temperate) *suri kkaen*
sock(s) *yangmal*
  a pair of s. *yangmal han k'yŏre*
socket wrench *sok'aett'ŭ rench'i*
soda: baking s. (bicarbonate) *sik soda*
  ice cream s. *aisŭ k'ŭrim soda*
soda (water) *sodasu*
So do I. *Chŏdo.*
soft *pudŭrŏun*
soft-boiled egg *talgyal pansuk*
soft drink (carbonated) *sodasu*
soft drink (non-carbonated) *chyusu*
softly *pudŭrŏpke*
soil (earth) *hŭlk*
soiled *tŏrŏphyŏjin*
sold *p'allin*
soldier *kunin*
sold out *chŏnbu p'alligo ŏmnŭn*
sole (shoe) *kuduch'ang*
solitaire (card game) *honjasŏ nonŭn t'ŭrŏmp'ŭ nori*
some *ŏttŏn*

somebody *ŏttŏn saram*
someday *ŏttŏn nal*
somehow *ŏjjŏnji*
someone *ŏttŏn saram*
something *ŏttŏn mulgŏn*
Something's the matter. *Muŏsi chalmot toekkun yo.*
Something's wrong. *Muŏsi chalmot toekkun yo.*
Something smells bad. *Choch'i anŭn naemse ka namnida.*
Something smells good. *Choŭn naemsae ka namnida.*
sometime *ŏnje*
  Come and see me s. *Ŏnje hanbŏn tŭllisipsiyo.*
sometimes *ŏttŏn ttae*
somewhere *ŏdin'ga*
son (your) *adŭnim*
  (my) *adŭl*
song *norae*
son-in-law *sawi*
soon *kot*
  Are you coming back s.? *Kot tora osimnikka?*
  How s. can you do it? *Ŏlmana ppalli hasil su issŭmnikka?*

sore   120   **speak**

How s. will it be ready?
Kŭ kŏt ŏnje toemnikka?
I'll be back s. *Kŏt tora
ogessŭmnida.*
sore (a) *sangch'ŏ*
sore: Is it s.? *Ap'ŭmnikka?*
It's not s. *Ap'ŭji ansŭmnida.*
It's s. *Ap'ŭmnida.*
sore throat *inhuyŏm*
Do you have a s. t? *Mok i
ttŭkkŭm kŏrisimnikka?*
I have a s. t. *Mok i ttŭkkŭm
kŏrimnida.*
sorry: I'm s. (Excuse me.)
Sille hamnida.
I'm s. (I sympathize.) *P'ŏk
an toessŭmnida.*
I'm s. to have kept you
waiting. *Kidarige haesŏ
mian hamnida.*
I feel s. for you. *Tongjŏng
i kamnida.*
soul *yŏnghon*
sound (a) *sori*
soup *kuk*
a bowl of s. *kuk han taejŏp*
beef bouillon *so kogi malgŭn kuk*
chicken s. *ch'ik'ing sŭp'ŭ*
pea s. *wandu k'ongguk*

tomato s. *tomado sŭp'ŭ*
vegetable s. *yach'ae sŭp'ŭ*
soup bowl *kukdaejŏp*
soup spoon *su karak*
sour *sin*
south *nam jjok*
Southeast Asia *Tongnam
Asea*
souvenir *kinyŏmp'um*
I brought you a s. *Kinyŏmp'um sŏnmul kajyŏ
wassŭmnida.*
Soviet Russia *Soryŏn*
soy sauce *kanjang*
spa *onch'ŏnjang*
spade (card suit) *sŭp'eidŭ*
spaghetti (K.) *kuksu*, (W.)
sŭppagetti
spanking (a) *mae*
spare time *yŏga*
spare tire *sŭp'ea taia*
sparkling wine *kŏp'um
p'odoju*
spark plug *ppurakk'ŭ*
sparrow *ch'amsae*
spatula *napjjak han chugŏk*
speak: Do you s. English?
Yŏngŏ haljul asimnikka?
I don't s. Korean. *Che ga
Han'gungmal mot hamnida.*

speaker (for record player) *sŭp'ik'a*
Speak more slowly, please. *Chom tŏ ch'ŏnch'ŏnhi malssŭm hae chuse yo.*
special *t'ŭkpyŏl han*
special-delivery letter *t'ŭkpyŏl paedal p'yŏnji*
speed limit *ch'oego sokto* (see also p. 179, Speed Table)
speedometer *soktoge*
spice *yangnyŏm*
spill: Don't s. it! *Hŭlliji mase yo!*
spinach *sigŭmch'i*
spine *ch'ŏkch'u*
splint *pumok*
splinter *kasi*
spoiled (damaged) *sang han*
spoiled child *pŏrŭt ŏmnŭn ai*
sponge *haemyŏn*
sponge cake *sŭp'onji k'ek'ŭ*
spool of thread *sil han t'arae*
spoon *su karak*
  soup s. *su karak*
  sugar s. *sŏlt'ang kŭrŭt yong sŭp'un*
  tables. *t'ebulyong sŭp'un*
  tables. (measuring) *punnyang chaenŭn k'un sŭp'un*
  teas. *t'i sŭp'un*
  teas. (measuring) *punnyang chaenŭn chagŭn sŭp'un*
sport *sŭp'ojjŭ*
sporting-goods store *undong kujŏm*
sports car *sŭp'ojjŭ k'a*
sport shirt *not'ai syassŭ*
sports jacket *sŭp'och'ŭ chyak'et'ŭ*
sports match *sihap*
sportswear *undongbok*
spot (stain) *ŏlluk*
spot remover *ŏlluk chiunŭn yak*
sprain (a) *chopchillim*
sprained ankle: I have a s. a. *Palmok ŭl ppiŏssŭmnida.*
spray (off the water) *sŭp'ŭrei*
sprayer (for house plants) *punmugi*
spray starch *sŭp'ŭrei sŭt'alch'i*
spring (season) *pom*
springtime *pomch'ŏl*
spring vacation *pom panghak*
square (shape) *chŏngsagak*

squash   122   **stern**

hyŏng
squash (vegetable) *hobak*
squeeze: a tight s. *wigi ilbal e*
squeezer (for lemons) *jjanŭn kŭrŭt*
squid *mul ojing ŏ*
stadium *undongjang*
stage (elevated platform) *mudae*
stain (a) *ŏlluk*
stained *ŏllugijin*
stainless steel *sŏt'einresŭ*
stairs *kedan*
stairway *kedan*
stale *k'ek'e mugŭn*
stale bread *kudŭn ppang*
stamp: airmail s. *hanggong up'yo*
   postage s. *up'yo*
standing room (theater) *sŏsŏ ponŭn chwasŏk*
Stand up! *Irŏsŏ!*
star (planet) *pyŏl*
   (films, etc.) *paeu*
starch *ose meginŭn p'ul*
   spray s. *sŭp'ŭrei sŭt'alch'i*
start: When does it (the train) s.? *Ŏnje ttŏnamnikka?*
   When does it (the perform-

ance) s.? *Ŏnje sijak hamnikka?*
starter (car) *kidonggi*
stateroom (on a ship) *sŏnsil*
station: radio s. *pangsongguk*
   railroad s. *yŏk*
   subway s. *chiha ch'ŏldo chŏngyujang*
stationary *pudong e*
stationery *munbanggu*
stationery store *munbanggujŏm*
stationmaster *yŏkchang*
station platform (RR) *p'uraet'ŏm*
statue *tongsang*
steak *sŭt'eik'ŭ*
steam iron *sŭt'im airong*
steamship *kisŏn*
steel wool *naembi tangnŭn ch'ŏlmul ssusemi*
steep *kap'arŭn*
steering wheel (car) *haendŭl*
step: Watch your s.! *Pal kŏrŭm chosim hasipsiyo.*
step (of a stair) *kedan ch'ŭnge*
stepladder *sadak tari*
sterile *sodok han*
sterling silver *sunŭn*
stern (of a ship) *sŏnmi*

stew (meat & vegetables) *sŭt'yu*
steward *sŭt'yuŏdŭ*
stewardess *sŭt'yuŏdesŭ*
stewed fruit *salmŭn silgwa*
stick (a) *maktaegi*
stiff *ppŏppŏt han*
stiff neck: I have a s. n. *Kogae lŭl chom ppiŏssŭmnida.*
stillborn child *chugŏsŏ naon ai*
stings: That (it) s. *Mopssi arimnida.*
stir: Don't s. it. *Kŭ kŏt hwijŏtjji mase yo.*
Stir it. *Kŭ kŏt chom hwijŏŏ chusipsiyo.*
stirrup *tŭngja*
stock (securities) *chu*
 common s. *pot'ongju*
 preferred s. *usŏnju*
stockbroker *chusik chungmaein*
stock exchange *chŭnggwŏn kŏraesŏ*
stockholder *chuju*
stocking(s) *kin yangmal*
 a pair of s. *kin yangmal han k'yŏlle*
stole: fur s. *puinyong mop'i moktori*
stomach *pae*
stomach ache: Do you have a s. a.? *Pae ka ap'ŭmnikka?*
 I have a s. a. *Pae ka ap'ŭmnida.*
stone *tol*
stone wall *toldam*
stool (feces) *taebyŏn*
stool (seat) *nop'ŭn kŏlsang*
Stop here! *Yŏgisŏ sewŏ chuse yo!*
Stop it! *Koman!*
stoplight (traffic signal) *chŏngjidŭng*
stopper (for sink, etc.) *mul magae*
storage battery *ch'ukchŏnji*
store (shop) *sangjŏm*
 branch s. *chijŏm*
 chain s. *yŏnsoejŏm*
store window *syowindo*
storm *p'okp'ung*
 rains. *p'okp'ung ŭ*
 snows. *p'oksŏl*
 thunders. *noeu*
storm window *tŏmmun*
story (narrative) *iyagi*
story (floor) *ch'ŭng*
 one-s. house *tanch'ŭngjip*

two-s. house *ich'ŭngjip*	strict *ŏm han*
stove: kitchen s. *puŏk sŭt'obŭ*	**strike** (labor) *p'aŏp*
straight (without diluent) *sŭt'ŭreit'ŭ*	**string** *kkŭn*
straight (direct) *ttokparo*	**string beans** *sŭt'ŭring pinjŭ*
straight ahead *kotchang aphŭro*	**stroke** (medical) *simjang mabi*
Go s. a.! *Aphŭro ttok paro kase yo!*	**stroller** (baby carriage) *yumoch'a*
straight hair *saeng mŏri*	**strong** (powerful) *kang han*
straight pin *p'in*	**strong** (of coffee) *chin han*
strainer *ch'e*	**stubborn** *kojibi sen*
tea s. *ch'a kŏllŭge*	Don't be s.! (to a child) *Kojib puriji marŏ!*
strange *issang han*	**student** (general) *haksaeng*
stranger *natsŏn saram*	(university) *taehaksaeng*
straw (fiber) *chip*	**study** (room) *sŏjae*
straw (for sipping) *sŭt'ŭrou*	**stuffing** (for poultry) *sok*
strawberry *ttalgi*	**stupid** *pabo*
strawberry shortcake *sŭt'ŭroberi syolt'ŭ k'ek'ŭ*	**sty** (eye infection) *taraekki*
straw mat *tadami*	**style** *sŭt'ail*
straw sandals (K.) *chipsin*	**stylish** *mot chin*
stream *kaeul*	**subscription** (to a magazine, paper, etc.) *yeyak chumun*
street (a) *kil*	
dead-end s. *maktarŭn kil*	**subtle** *kyomyo han*
one-way s. *ilbang t'onghaengno*	**suburb** *kyooe*
	subway *chiha ch'ŏldo*
Street . . . *Tong*	**subway station** *chiha ch'ŏldo chŏngyujang*
streetcar *chŏnch'a*	
street corner *kil mot'ungi*	**suddenly** *toryŏn hi*
strength *him*	**sugar** *sŏlt'ang*

sugar bowl   125   **surfing**

a cup (measuring) of s. *sŏlt'ang han k'ŏp*
brown s. *nurŭn sŏlt'ang*
powdered s. *karu sŏlt'ang*
sugar bowl *sŏlt'ang kŭrŭt*
sugar spoon *sŏlt'ang kŭrŭt yong sŭp'un*
suggestion *chean*
suit (man's) *yangbok*
  (woman's) *sūjjŭ*
suitcase *torangkku*
suit coat *sūjjŭ k'ot'ŭ*
summer *yorŭm*
summer resort *p'isŏji*
summertime *yŏrŭmch'ŏl*
summer vacation *yŏrŭm panghak*
sun *hae*
  Is the s. out? *Hae ka nassŭmnikka?*
  The s. is out. *Hae ka nassŭmnida.*
sunbath *ilgwangyok*
sunburned: You're s. *Hae pyŏt'e t'asyŏssŭmnida.*
Sunday *Iryoil*
Sunday school *Chuil hakkyo*
sunglasses *saegan'gyŏng*
sunlamp *t'aeyangdŭng*
sunlight *hae pit*

sunrise *ilch'ul*
sunset *ilmol*
sunshade (parasol) *p'arasol*
sunshine *hae pit*
suntan *hae pyŏt'e t'aeum*
suntan oil *ilgwangyok halttae ssŭnŭn yak*
superiority complex *uwŏlgam*
supermarket *sup'ŏmak'et'ŭ*
supernatural *ch'ojayŏn e*
superstition *misin*
superstitious *misin e*
supervisor *kamdok*
supper *chŏnyŏk siksa*
suppertime *chŏnyŏk siksa sigan*
suppose: I s. not. *Kŭrŏch'i anŭn'ga pwa yo.*
  I s. so. *Kŭrŏn'ga pwa yo.*
sure: Are you s.? *T'ŭllim ŏpsŭmnikka?*
  Don't be too s. *Nŏmu mitch'i mase yo.*
  I'm not s. *Chal morŭgessŭmnida.*
  I'm s. *T'ŭllim ŏpsŭmnida.*
Sure! (Yes.) *Kŭrŏm yo!*
surf *k'ŭn p'ado*
surf board *ssŏlp'ŭ poldŭ*
surfing *p'ado t'agi*

surgeon *oe kwa ŭsa*
surgery (operation) *susul*
surname *sŏngssi*
surprised: Don't be s.! *Nollaji mase yo!*
 I'm not s. *Nollaji anssŭmnida.*
 I'm s. *Nollassŭmnida.*
 I'm s. to see you. *Irŏkhe manna poemnŭn'ge p'ŏk ttŭt ppakk irimnida.*
 I wouldn't be s. *Pyŏllo nollal iri an imnida.*
swallow (bird) *chebi*
swatter (fly) *ch'ae*
sweat *ttam*
sweater *set'a*
 cardigan *k'adigan*
 pullover *aphi makhin set'a*
sweat shirt *undongyong tut'ŏun mumyŏng set'a*
sweeper: carpet s. *yangt'anja sojegi*
sweet *tan*
 Is it s. enough? *Tŏ talge an haedo toemnikka?*
 It's not s. enough. *Pyŏllo talji ansŭmnida.*
 It's too s. *Nŏmu tamnida.*
sweetheart *aein*
sweet potato *koguma*
sweet roll *sŭwit'ŭrol*
swim cap *suyŏngmo*
swimming pool *suyŏngp'ul*
swim suit *suyŏngbok*
swim trunks *suyŏng ppanjjŭ*
swing (for children) *kŭnae*
swinging door *sŭwing toa*
Swiss cheese *Sŭwisŭ ch'ijŭ*
switch (electrical) *sŭwich'i*
swollen: It's s. *Puŏssŭmnida.*
sympathetic *injŏng innŭn*
sympathize: I s. with you. *Tongjŏng i kamnida.*
sympathy: Please accept my s. *Chŏe choi lŭl ollimnida.*
symphony orchestra *kyohyang aktan*
syringe *kwangjanggi*
syrup *sirŏp'ŭ*

T

table *t'ebul*
  card t. *k'adŭ t'ebul*
  coffee t. *k'ŏp'i t'ebul*
  dining t. *sikt'ak*
  end t. *raemp'u t'ebul*
  kitchen t. *puŏk t'ebul*
  night t. *ch'imdae yŏphe noin t'ebul*
tablecloth *t'ebul kŭrŏjŭ*
table lamp *t'ebul raemp'u*
table leaf (extender) *t'ebul rihu*
tablespoon *t'ebulyong sŭp'un*
tablespoon (measuring) *punnyang chaenŭn k'un sŭp'un*
  a t. of ...*han sŭp'un*
tablet (pill) *allyak*
tack (hardware) *napjak han mot*
  thumb t. *apchŏng*
tail *kkori*
taillight (car) *twi e tallin bul*
tailor *chaebongsa*

tailor shop *yangbokchŏm* (see also p. 164, At the Dressmaker or Tailor Shop)
tailpipe (car) *paegit'ong*
tails (formal dress for men) *yebok*
take: Don't t. it! *Kŭ kŏt kajŏ kaji mase yo!*
  Don't t. it back! *Kŭ kŏt toru kajŏ kaji mase yo!*
  Don't t. it off! *Pŏtjji mase yo!*
  May I t. this? *I kŏt kajŏdo toemnikka?*
Take it! *Padŭse yo!*
Take it back! *Toru kajŏ kase yo!*
Take it easy! *Ch'ŏnch'ŏn hi hase yo!*
Take it off! *Chom pŏsŭse yo!*
Take some, please. *Chom padŭsipsiyo.*
takeoff (airplane) *iryuk*
tale *iyagi*

talk (a) *iyagi*
  I want to t. to the manager. *Chibaein kwa yaegi hago sipsŭmnida.*
tall *k'i ka k'ŭn*
  How t. are you? *K'i ka ŏlmana k'ŭsimnikka?*
tally (bridge) *kesu*
tame (domesticated) *kildŭrŭn*
tangerine *milgam*
tape: adhesive t. *panch'anggo*
  cello t. *sŭk'ach'i t'ep'ŭ*
  friction t. *mach'al t'ep'ŭ*
  masking t. *masŭk'ing t'ep'ŭ*
  recording t. *nogŭm t'ep'ŭ*
  scotch t. *sŭk'ach'i t'ep'ŭ*
tape measure *chulja*
tape recorder *nogŭmgi*
tart (small pie) *kwairi tŭn chagŭn p'ai*
tart (sour) *sin*
taste: in bad t. *p'umi ŏmnŭn*
  in good t. *p'umi choŭn*
taste (of food) *mat*
tasteless (of food) *mat ŏmnŭn*
tasty *mat innŭn*
tax *segŭm*
  business t. *yŏng ŏp se*
  city t. *sise*

  customs t. *kwanse*
  income t. *sodŭkse*
  ward t. *kuse*
tax-exempt *myŏnse*
tax-free *myŏnse*
taxi *t'aeksi*
  Call me a t., please. *T'aeksi chom pullŏ chuse yo.*
taxi driver *t'aeksi unjŏnsu* (see also p. 159, Instructions to the Taxi Driver)
tax office *semusŏ*
tea: a cup of t. (K.) *yŏpch'a hanjan*
  a cup of t. (W.) *hongch'a hanjan*
  black t. *hongch'a*
  green t. *nokch'a*
  iced t. *aisŭ t'i*
tea bag *t'i paegŭ*
teacher *kyowŏn*
teacup (K.) *ch'a jan*, (W.) *k'ŏp'ijan*
teakettle *chujŏnja*
teapot *ch'a chujŏnja*
tear (eye fluid) *nun mul*
tear: Don't t. it! *Kŭ kŏt jjitiji mase yo!*
  Don't t. it up! *Kŭ kŏt pusŭji mase yo!*
Tear it up! *Pusŭro t'ŭrise yo!*

tearoom *tabang*
tease: Don't t. *Nolliji mase yo.*
tea shop *ch'ajip*
teaspoon *t'i sŭp'un*
teaspoon (measuring) *punnyang chaenŭn chagŭn sŭp'un*
  a t. of ... *chagŭn sŭp'un ŭro hana*
tea strainer *ch'a kŏllŭge*
tedious *silch'ŭng nanŭn*
tee (golf) *t'ii*
teenager *t'ineijŏ*
teeth *i*
telegram *chŏnbo*
  Where can I send a t.? *Chŏnbo nŭn ŏdi esŏ ch'imnikka?*
telegraph office *chŏnsin'guk*
Telephone! (for you) *Chŏnhwa imnida!*
telephone *chŏnhwa*
  Call me on the t. *Chŏnhwa hae chusipsiyo.*
  May I use the t.? *Chŏnhwa chom ssŭl su issŭmnikka?*
  Where can I find a t.? *Chŏnhwa ka ŏdi issŭmnikka?* (see also p. 168, Telephoning)

telephone booth *kongjun chŏnhwasil*
telephone call *chŏnhwa*
  long-distance c. *changgŏri chŏnhwa*
  overseas c. *kukche chŏnhwa*
telephone directory *chŏnhwa pŏnho ch'aek*
telephone number *chŏnhwa pŏnho*
telephone operator *chŏnhwakyohwansu*
telephone receiver *suhwagi*
television *t'ellebi*
temperature (air, water, etc.) *ondo*
  What's the t. outside? *Pakke ondo nŭn ŏlmana toemnikka?*
temperature (body) *ch'eon* (see also p. 180, Temperature Table)
  Does he (she) have a t.? *Yŏri issŭmnikka?*
  Do you have a t.? *Yŏri issŭmnikka?*
  I don't have a t. *Yŏri ŏpsŭmnida.*
  I have a t. *Yŏri issŭmnida.*
  Take my t., please. *Chŏe*

tempered 130 that way

ch'eon ŭl chom chae chusipsiyo.
tempered: bad-t. sŏnggyŏg i nappŭn
good-t. sŏnggyŏg i choŭn
quick-t. sŏnggyŏg i kŭphan
temple (Buddhist) chŏl
temporary imsi e
temporary job imsi chigŏp
ten (items, persons) yŏl (see also p. 175, Numbers and Counting)
tenant ch'ayong kŏjuja
tender (of meat) yŏn han
tenderloin (of beef) yŏn han so kogi
tennis chŏnggu
tennis ball chŏnggu kong
tennis court chŏnggujang
tennis match chŏnggu sihap
tennis racket t'enisŭ rak'et'ŭ
tennis shoes undonghwa
tense kinjang han
term (school) hakki
terminal (airline building) pihaengjang t'ŏminŏl
termite hin kaemi
terrace t'eresŭ
test sihŏm
Thanks! Komapsŭmnida!
Thanksgiving Ch'usu Kamsa
Thank you! (in general) Komapsŭmnida!
(for extraordinary service) Taedan hi komapsŭmnida!
(for the meal, drinks, etc.) Kamsa hamnida!
that kŭ kŏt
that one paro kŭ kŏt
thatched roof chip'ŭro toen iŏng chibung
That's a good idea! Choŭn saenggak imnida!
That's better! Kuge tŏ chosŭmnida!
That's enough! Mansŭmnida!
That's enough, thank you. Mansŭmnida, kamsa hamnida.
That's interesting! Kŭ kŏt chaemi issŭmnida!
That's right! Kŭrŏsŭmnida!
That's understood! Kŭ kŏt chal algessŭmnida!
That's wonderful! Chaltoessŭmnida!
That's wrong! Kŭ kŏt chalmos imnida!
that way (in that direction)

thawed 131 this noon

chŏ jjok ŭro
(in that manner) kŭrŏkhe
thawed nokhin
theater (for plays) kŭkchang
(for films) yŏnghwagwan
theater ticket kŭkchangp'yo
their kŭ tŭre
them kŭ tŭl
for (to) t. kŭ tŭl ege
there kŏgi
over t. chŏgi
There he (she, it) is.
Chŏgi issŭmnida.
thermometer ondoge
clinical t. ch'eon'ge
thermos (bottle or jug)
poonbyŏng
thermostat chadong ondo chojŏlgi
they kŭ tŭl
thick tukkŏun
thicker: I want something t.
Chom tŏ tut'ŏun kŏs ŭro chuse yo.
thief toduk
Thief! Toduk iyo!
thigh nŏlpchŏktari
thimble kolmu
thin yalbŭn
thinner: I want something t.
Chom tŏ yalbŭn kŏs ŭro

chuse yo.
You're getting t. Sari ppajisinŭn kun yo.
thing kŏt
think: Do you t. so? Kŭrŏkhe saenggak hasimnikka?
I don't t. so. Kŭrŏkhe saenggak an hamnida.
I don't t. so, either. Chŏdo kŭrŏkhe saenggak an hamnida.
I t. so. Kŭrŏt'ago saenggak hamnida.
What do you t. (about it)? Ŏttŏkhe saenggak hasimnikka?
third (the) sebŏnjjae
one t. sambuneil
two thirds sambunei
thirsty: Are you t.? Mogi marŭsimnikka?
I'm not t. Mok marŭji ansŭmnida.
I'm t. Mogi marŭmnida.
this i kŏt
this afternoon onŭl ohu
this evening onŭl chŏnyŏk
this month i tal
this morning onŭl ach'im
this noon onŭl chŏng o

this one / ticket

this one *i kŏt*
this time *i pŏn*
this way (in this direction) *i jjok*
this way (in this manner) *irŏkhe*
this week *ibŏnju*
this year *orhae*
thorough *ch'ŏljŏ han*
thoroughbred *sunchong*
thoroughly *ch'ŏljŏ hage*
thought (a) *saenggak*
thoughtful *saenggag i kiphŭn*
thoughtless *saenggag i ŏmnŭn*
thread *sil*
  a spool of t. *sil han t'arae*
  cotton t. *mumyŏng sil*
  silk t. *myŏngju sil*
three (items, persons) *set* (*see also* p. 175, Numbers and Counting)
three fourths *sabunjisam*
three quarters *sabunjisam*
three quarters of an hour *sasibobun*
three times a day *haru e se pŏn*
throat *mok kumŏng*
  Do you have a sore t.? *Mok i ttŭkkŭm kŏrisimnikka?*
  I have a sore t. *Mok i ttŭkkŭm kŏrimnida.*
  sore t. *inhuyŏm*
through (by way of, by means of, etc.) *t'ong hae sŏ*
through (finished) *kkŭnna yo*
  Are you t.? *Kkŭnnasyŏssŭmnikka?*
  I'm not t. *Ajik an kkŭnnassŭmnida.*
  I'm t. *Kkŭnnassŭmnida.*
throw away: Don't t. it a.! *Kŭ kŏt pŏriji mase yo!*
  I'm going to t. it a. *Kŭ kŏt pŏrigessŭmnida.*
Throw this away. *I kŏt chom pŏryŏ chuse yo.*
thumb *ŏmji son karak*
thumbtack *apchŏng*
thunder *ch'ŏndung*
thunder & lightning *ch'ŏndung kwa pŏn'gae*
thunderclap *noemyŏng*
thunderstorm *noeu*
Thursday *Mogyoil*
thyroid *kapsangsŏn*
ticket (plane & train) *p'yo*

ticket — time

express-train t. *kŭphaengp'yo*
1st-class t. *ildŭngp'yo*
2nd-class t. *idŭngp'yo*
one-way t. *tanhaengp'yo*
ordinary train t. (long-distance) *wanhaeng yŏlch'ap'yo*
platform t. *chŏnggŏjang ipchanggwŏn*
round-trip t. *wangbokp'yo*
season t. *chŏnggi ipchanggwŏn*
sleeper t. *ch'imdae ch'ap'yo*
ticket (for traffic violation) *ttakchi*
ticket (admission) *ipchanggwŏn*
ticket window *maech'algu*
tide *chosu*
high t. *kojo*
low t. *chŏjo*
tight (of clothing) *kkok kkinŭn*
(stingy) *insaek han*
(tipsy) *ch'wi han*
tile (roof) *kiwa chibung*
time: all the t. *hangsang*
a long t. *orae tongan*
a long t. ago *orae chŏne*
a short t. *jjalbun sigan*
a short t. ago *paro chŏne*
at any t. *ŏnjedŭnji*
at the present t. *hyŏnje*
at the same t. *tongsie*
Do you have t.? *Sigan issŭsimnikka?*
each t. *ttae mada*
every t. *maebŏn*
free (leisure) t. *han'ga han sigan*
from t. to t. *kakkŭm*
How much t. do I (you, we) have? *Sigan i ŏlmana issŭmnikka?*
I (you, we) don't have t. *Sigan i ŏpsŭmnida.*
Is there t.? *Sigan i issŭmnikka?*
last t. *majimak*
next t. *taum pŏn*
old-t. *yennal*
Once upon a time ... *yennal yejjok e*
on t. *sigan e mach'ŏsŏ*
some other t. *taŭm e*
somet. *ŏnje*
Take your t. *Ch'ŏnch'ŏn hi hasipsiyo.*
There isn't much t. *Sigan i pyŏllo ŏpsŭmnida.*
There's plenty of t. *Sigan*

time exposure — tombstone

i nŏngnŏk hamnida.
this t. *i pŏn*
What t. is it? *Mes'simnikka?* (see also p. 178, Telling Time)
time exposure *noch'ul*
times: many t. *yŏrŏbŏn*
modern t. *hyŏndae*
old t. *yennal*
several t. *sŏnŏbŏn*
somet. *ŏttŏn ttae*
Time's up! *Sigan i toessŭmnida!*
timetable *siganp'yo*
tin can (filled) *t'ongjorim*
(empty) *pin t'ongjorim t'ong*
tinfoil *t'in hwŏil*
tiny *mopsi chagŭn*
tip (gratuity) *t'ip*
tire *taia*
flat t. *ppangkku*
spare t. *sŭp'ea taia*
tubeless t. *nojyubŭ*
tired: Aren't you t.? *P'igon haji anŭsimnikka?*
Are you t.? *P'igon hasimnikka?*
I'm not t. *P'igon haji ansŭmnida.*
I'm t. *P'igon hamnida.*
tire pump *taia ppomppu*

tissue paper *hwajangji*
toast *t'osŭt'ŭ*
a slice of t. *t'osŭt'ŭ hana*
French t. *Hurench'i t'osŭt'ŭ*
toaster (electric) *t'osŭt'ŏ*
tobacco *tambae*
tobacco pouch *tambae ssamji*
today *onŭl*
toe *pal karak*
toenail *palt'op*
toenail scissors *palt'op kkangnŭn kawi*
together *hamkke*
all t. (of persons) *modudŭl kach'i*
toilet *pyŏnso*
flush t. *susesik pyŏnso*
public t. *kongjung pyŏnso*
toilet paper (K.) *pyŏnso hyuji,* (W.) *hwajangji*
toilet cleaner (man with pump truck) *ttongch'a inbu*
toll road *yuryo toro*
tomato(s) *tomado*
a can of t. *t'ong chorim ŭro toen tomado han t'ong*
tomato juice *tomado chyusŭ*
tomato soup *tomado sŭp'ŭ*
tombstone *pisŏk*

tomorrow *naeil*
day after t. *more*
I'll see you t. *Naeil poepkessŭmnida.*

tomorrow afternoon *naeil ohu*

tomorrow evening *naeil chŏnyŏk*

tomorrow morning *naeil ach'im*

tomorrow night *naeil pam*

tomorrow noon *naeil chŏng o*

ton (metric) *t'on*

tongue (language) *mal*

tongue (human or animal) *hyŏ*

tongue-tied *malmun i makhin*

tonight (all night) *onŭl pam*
(this evening) *onŭl chŏnyŏk*

tonsillectomy *p'yŏndosŏn susul*

tonsillitis *p'yŏndosŏn yŏm*

tonsils *p'yŏndosŏn*

too (also) *to*

too (more than) *nŏmu*

too big *nŏmu k'ŭn*

too little (in amount) *nŏmu chŏgŭn*

too little (in size) *nŏmu chagŭn*

too many *nŏmu mani*

too much *nŏmu mani*

too small *nŏmu chagŭn*

too bad: That's t. b. *P'ŏk an toekkun yo.*

tool *yŏnjang*

tool kit *yŏnjang sangja*

tooth *i*

toothache *i ari*
Do you have a t.? *I ka ap'ŭsimnikka?*
I have a t. *I ka ap'ŭmnida.*

toothbrush *ch'issol*

toothpaste *ch'iyak*

toothpick *i ssusige*

tooth powder *ch'ibun*

top (the) *ch'oego*
on t. of ... *wi e*

torn *jjijŏ jin*

tossed green salad *yach'ae salladŭ*

total *ch'ongge*

touch: Don't t. it! *Kŭ kŏt manjiji mase yo!*

tough *ŏksen*

tour *kwan'gwang yŏhaeng*

tour bus *kwan'gwang ppŏsŭ*

tour guide *kwan'gwang annae in*

tourist *kwan'gwanggaek*
towel *sugŏn*
  bath t. *mogyok t'aol*
  dish t. *kŭrŭt mallinŭn haengju*
  hand t. *son t'aol*
  hot t. (furnished in restaurants) *tŏun mul sugŏn*
  kitchen t. *puŏk t'aol*
towel rack *sugon kŏri*
town *sinae*
tow truck *kojang nan ch'a kkŭro kanŭn t'ŭrŏk*
toy *changnan'gam*
toy shop *wan'gujŏm*
tracing paper *t'usaji*
track: racet. *kyŏngmajang*
  railroad t. *kich'a sŏnno*
  Which t. does the train leave from? *Ottŏn sŏnno esŏ kich'a ka ttŏnamnikka?*
track (RR) number *ch'ŏllo pŏnho*
trade union *nodong chohap*
traffic *kyot'ong*
  one-way t. *ilbang t'onghaeng*
traffic circle *rot'ari*
traffic jam *pŏnjap han kyot'ong*
traffic light *kyot'ong sinhobul*
traffic ticket (summons) *ttakchi*
tragedy *pigŭk*
train: express t. *kŭphaeng yŏlch'a*
  freight t. *hwamul yŏlch'a*
  local t. *wanhaeng kich'a*
  railroad t. (electric) *kidongch'a*
train conductor *ch'ajang*
train schedule *kich'a siganp'yo*
train track *kich'a sŏnno*
tranquilizer (pill) *chinjŏngje*
transistor radio *t'ŭraenjisŭt'ŏ radio*
translator *pŏnyŏkcha*
trash (refuse) *ssŭregi*
travel agency *yŏhaengsa*
traveler's check *ch'urebullo ch'ek'ŭ*
tray *chaengban*
tree *namu*
triangle (shape) *samgakhyŏng*
trick (at bridge) *han pak'wibune p'ae*

tricycle *sebal chajŏn'gŏ*
trio (instrumental) *t'ŭrio*
trip (journey) *yŏhaeng*
trip: Don't t.! *Nŏmŏjiji mase yo!*
triple *segop e*
trivet *sambari*
tropical fish *yŏldaeŏ*
tropics *yŏldae chibang*
trouble *malssŏng*
  What's the t.? *Muŏsi malssŏng imnikka?*
trousers *yangbok paji*
  a pair of t. *paji han pŏl*
trout *song ŏ*
  rainbow t. *mujigae song ŏ*
truck *t'ŭrŏk*
  delivery t. *paedal t'ŭrŏk*
  dump t. *tamp'u t'ŭrŏk*
  tow t. *kojang nan ch'a kkŭrŏ kanŭn t'ŭrŏk*
truck driver *t'ŭrŏk unjŏnsu*
true: Isn't that t.? *Kŭ kŏsi sasil i animnikka?*
  Is that t.? *Kŭ kŏsi sasil imnikka?*
  That's not t. *Kŭ kŏsi sasil i animnida.*
  That's t. *Kŭ kŏsi sasil imnida.*
trump (at bridge) *sangsup'yo*

trunk (of a tree) *namu dungji*
trunk (luggage) *t'ŭrŏn'gu*
trunk (car) *t'ŭrŏn'gu*
trunk lid *t'ŭrŏn'gu pponnet*
truth *chinsil*
  It's the t. *Kŭ kŏsi chinsil imnida.*
truthful *chinsiljŏgin*
try: Don't t. it! *Haji mase yo!*
  I'll t. *Che ka hae pogessŭmnida.*
  I'll t. it. *Kŭ kŏt che ka hae pogessŭmnida.*
  I want to t. it on. *Ibŏ pogo sipsŭmnida.*
  Will you t. it? *Hae posigessŭmnikka?*
Try it on! *Ibŏ posipsiyo!*
Try some! *Mŏgŏ pose yo!*
Try to come early! *Iljjik odorok hae pose yo!*
tub: batht. *mogyokt'ong*
  washt. *ppallae t'ong*
tube (tire) *chyubŭ*
tubeless tire *nojyubŭ*
tuberculosis *kyŏrhaekchŭng*
Tuesday *Hwayoril*
tuition *tŭngnokkŭm*
tuna fish *ch'amdarang i*
tuna-fish salad *t'una sal-*

tuna-fish-salad 138 **two-piece dress**

ladŭ

tuna-fish-salad sandwich *t'una salladŭ ssaendŭwich'i*

tune: It's out of t. *Changdani majji ansŭmnida.*

tune-up (car) *enjin kŏmsa*

tunnel *t'ŏnnel*

turkey *t'ŏlk'i*
  roast t. *rosŭt'ŭ t'ŏlk'i*

turn: It's my t. *Chŏe ch'arae imnida.*
  It's your t. *Taege ch'arae imnida.*
  Whose t. is it? *Nugue ch'arae imnikka?*

Turn around! *Torasŏ chuse yo!*

turn back: Let's t. b. *Toru tora kapsida.*

Turn here! *Yogi sŏ tora chusipsiyo!*

turnip *mu*

Turn it inside out! *Twijibuseyo!*

Turn it upside down! *Kŭ kŏt kkŏkkuro hae chuse yo!*

Turn left! *Oen jjokŭro tora chusipsiyo!*

Turn off the light! *Pul*

chom kkŏ chusipsiyo!

Turn off the water! *Mul chom chamgŏ chuse yo!*

Turn on the light! *Pul chom k'yŏ chusipsiyo!*

Turn on the water! *Mul chom t'ŭrŏ chuse yo!*

Turn right! *Parŭn jjokŭro chusipsiyo!*

turn signal (car) *kkamppagi*

turpentine *t'erpin kirŭm*

tuxedo *yebok*

TV announcer *t'ellebi anaunsŏ*

TV channel *t'ellebi ch'enel*

TV set *t'ellebi sett'ŭ*

tweed *sŭk'och'i nasaji*

tweezers *jjok chipkae*

twice *tupŏn*

twice a day *haru e tu pŏn*

twice a month *han tare tubŏn*

twice a week *iljuil e tupŏn*

twice a year *illyŏn e tupŏn*

twilight *hwanghon*

twin beds *ssang ch'imdae*

twins *ssangdŭngi tŭl*

two (items, persons) *tu (see also p. 175, Numbers and Counting)*

two-piece dress *t'up'isŭ*

| two thirds | 139 | under the |

two thirds *sambunei*
typewriter *t'aip'ŭrait'ŏ*
typewriter ribbon *t'aip'ŭ-rait'ŏ ribon*
typhoon *t'aep'ung*
typing paper *t'aip'ŭ yongji*

U

ugly *ch'uak han*
ulcer (stomach) *wigweyang*
umbrella *usan*
umbrella stand *usan kkoji*
unattractive *maeryŏk ŏm-nŭn*
unbreakable *kkaejiji anŭn*
uncertain *hwaksil haji anŭn*
uncle (your) *sukpunim* (my) *chŏe ajŏssi*
uncomfortable *pulp'yŏn han*
unconscious: He (she) is u. *Kŭ nŭn muŭisik sangt'ae imnida.*
uncooked *ikhiji anŭn*
undecided *mijŏngin*
underarm *kyŏdŭrangi*
underbrush *tŏmbul*
underclothes *sogot*
underdone *tŏl toen*
underexposed (film) *noch'ul pujok*
undergraduate *taehaksaeng*
underneath *arae*
underpants *sok paji*
undershirt *sok syassŭ*
undershorts *sok paji*
a pair of u. *sok paji han pŏl*
understand: Do you u.? *Asigessŭmnikka?*
Do you u. English? *Yŏngŏ asimnikka?*
I don't u. *Morŭgessŭmnida.*
I don't u. Korean. *Han'gungmal morŭmnida.*
I u. *Algessŭmnida.*
That's understood. *Kŭ kŏt chal algessŭmnida.*
understudy *taeyŏgŭl mat'a hada*
undertaker *changyesa*
under the ... *e arae*

undertow — Up?

undertow *mullŏ kanŭn mulgyŏl*
underwater *sujung e*
underwear *sogot*
underweight *chungnyang pujok*
undone: It's come u. *P'urŏ chimnida.*
undressed *osŭl ipji anŭn*
unemployed *silchik han*
unemployment insurance *siljik pohŏm*
unequal *pidŭng haji anŭn*
uneven: This hem is u. *Tani korŭji mot hamnida.*
unexpected *ttŭt haji anŭn*
unfair *kongjŏng haji anŭn*
unfashionable *yuhaeng e ttŏrŏ jin*
unfortunate *purun han*
unfortunately *purun hage*
unfrozen *naengdong toeji anŭn*
unhappy *purhaeng han*
 I'm u. *Chŏnŭn haengbok haji ansŭmnida.*
unhealthy *kŏn'gang haji anŭn*
uniform (clothing) *chebok*
unimportant: It's u. *Chung yo haji ansŭmnida.*
uninteresting *chaemi ŏmnŭn*
unique *yuil e*
United States of America *Miguk*
university *taehakkyo*
unkempt *tanjŏngch'i mot han*
unkind *pulch'injŏl han*
unlucky: I'm u. *Chŏnŭn uni nappŭmnida.*
 You're u. *Uni nappŭmnida.*
unlucky break *kyomyo hage iri an toenŭn il*
unnecessary *pulp'iryo han*
unoccupied *piyŏ inŭn*
unpleasant *pul misŭrŏun*
unpopular *in'gi ŏmnŭn*
unrefined (common) *seryŏn an toen*
unsafe *puranjŏn han*
unselfish *igijŏgi anin*
untidy *tanjŏngch'i mot han*
unused *sayong haji anŭn*
unusual *pot'ong i anin*
up *wi*
 Get u.! *Irŏna!*
 Stand u.! *Irŏsŏ!*
 Time's u.! *Sigan i toessŭmnida.*
 Wake u.! *Kkaeŏna!*
Up? (to elevator operator)

upholsterer 141 **vacation**

Olla kamnikka?
upholsterer *kaku surigong*
upkeep *yuji*
upper berth *wit ch'imdae*
upset: Don't be u.! *Hŭngbun haji mase yo!*
upside down *kkŏkkuro*
 It's u. d. *Kŭ kŏt kkŏkkuro toeŏ issŭmnida.*
 Turn it u. d. *Kŭ kŏt kkŏkkuro hae chuse yo.*
upstairs *wi ch'ung*
up-to-date *hyŏndaejŏgŭro*
urgent *kin'gŭp han*
urinal *sobyŏnso*
urine *sobyŏn*
us *uri*
 for (to) u. *uri ege*
use (advantage): It's no u.
 Amu soyong i ŏpsŭmnida.
 What's the u.? *Musŭn soyong i issŭmnikka?*
use (utilize): Don't u. it! *Kŭ kŏt ssŭji mase yo!*
 May I u. this? *I kŏt chom ssŏdo toemnikka?*
 You may u. this. *I kŏt ssŏ to kwaench'anŏ yo.*
used car *chunggoch'a*
useful *ssŭl man han*
Use it up! *Ssŏ pŏrise yo!*
useless *ssŭlte ŏmnŭn*
Use this! *I kŏt ssŭse yo!*
usherette *kŭkchang ane annae yŏja*
usually *pot'ong ŭro*
utensils *kigu*
U-turn *yu chahoejŏn*

V

vacancy (room for rent) *pinbang*
 job v. *pin chikchang chari*
vacant: Is this seat v.? *I chari pin chari imnikka?*
 This seat is v. *I chari pin chari imnida.*
vacation *hyuga*
 Christmas v. *K'ŭrisŭmasŭ hyuga*
 spring v. *pom panghak*
 summer v. *yŏrŭm panghak*

vaccination 142 vomited

vaccination *chongdu*
vaccination certificate *yebang chusa chŏpchong chŭngmyŏngsŏ*
vacuum cleaner *chŏn'gi sojegi*
valley *koljjagi*
valuable *kwijung han*
valuables *kwijungp'um*
valve (car) *palbŭ*
vanilla (extract) *panilla*
vanilla ice cream *panilla aisŭ k'ŭrim*
varicose veins *chŏngmaek yusŏng e*
vase *pyŏng*
veal *song aji kogi*
veal chop *piŏ ch'yap*
veal cutlet *piŏ k'at'ŭret'ŭ*
vegetable(s) *yach'ae*
vegetable soup *yach'ae sŭp'ŭ*
vegetarian *ch'aesikka*
vein(s) *hyŏlgwan*
  varicose v. *chŏngmaek yusŏng e*
velvet *pirodo*
velveteen *pirodo*
Venetian blind *Penesian pŭraindŭ*
vertical *sujik e*

very *maeu*
Very good! *Maeu chosŭmnida!*
vest *chokki*
vestibule *hyŏn'gwan*
veterinary *suŭisurŭi*
vice versa *pandaero*
view *koch'al*
villa *pyŏljang*
village *maŭl*
vinegar *ch'o*
violet (flower) *orangk'ae kkot*
virgin *ch'ŏnyŏ*
visa *pija*
  I want to renew my v. *Chŏe pija lŭl kaengsin hago sipsŭmnida.*
visit: I want to v. . . . . *e ka pogo sipsŭmnida.*
visitor *pangmun'gaek*
vitamin pills *pit'amin*
vitamins *pit'amin*
vocalist *sŏng akka*
vodka *wŏtk'a*
voice *mok sori*
  in a loud v. *k'ŭn sori lo*
  in a low v. *najŭn sori lo*
volley ball *paegu kong*
vomited: I v. *T'o haessŭmnida.*

| waffle | 143 | want to borrow |

He (she) v. *T'o haessŭmnida.*

vomiting *kut'o*
vulgar *sesokchŏgin*

W

waffle *wap'ul*
waffle iron *wap'ul kumnŭn soe*
wages *posu*
waist *hŏri*
wait: Don't w.! *Kidariji mase yo!*
  Don't w. for me! *Chŏ lŭl kidariji mase yo!*
  I'm sorry to have kept you waiting. *Kidarisige haesŏ mian hamnida.*
Wait! *Kidaryŏ!*
Wait a minute! *Chamgan man kidarise yo!*
Wait for me! *Chŏ lŭl kidarise yo!*
Wait here! *Yŏgi esŏ chom kidaryŏ chuse yo!*
waiter *weit'ŏ*
  head w. *hedŭ weit'ŏ*
Waiter! *Yŏbwayo!*
waiting room *taehapsil*

waitress *weich'uresŭ*
Waitress! *Yŏbwayo!*
Wake up! *Kkaeŏna!*
walk: I'm going for a w. *Sanbo kamnida.*
wall *pyŏk*
  stone w. *toldam*
wallet *chigap*
wallpaper *pyŏkchi*
walnut *hodu*
want: Do you w. any? *P'iryo hasimnikka?*
  Do you w. this? *I kos ŭl wŏn hasimnikka?*
  I don't w. any. *Chogŭm to p'iryo ŏpsŭmida.*
  I w. some, please. *Chom chusipsiyo.*
  What do you w.? *Muŏs ŭl wŏn hasimnikka?*
want to borrow: I w. t. b. .... *chom pillyŏ chusipsiyo.*

want to buy   144   wash & wear

want to buy: I w. t. b. . . . . . . sago sipsŭmnida.

want to do: I w. t. d. it again. Tasi hago sipsŭmnida.

want to drink: I w. t. d. some . . . . . . chom masigo sip'umnida.

want to eat: I w. t. e. Korean food. Han'guk ŭmsik chom mŏkko sipsŭmnida.

want to get up: I w. t. g. u. early. Iljjik irŏnago sipsŭmnida.

want to go and see: I w. t. g. a. s. a movie. Yŏnghwa ka pogo sipsŭmnida.

want to go to: I w. t. g. t. . . . . . . e kago sipsŭmnida.

want to make: I w. t. m. a . . . . . . hana mandŭlgo sipsŭmnida.

want to ride in (on): I w. t. r. i. a . . . . . . chom t'ago sipsŭmnida.

want to see: I w. t. s. . . . . . . chom pogo sipsŭmnida.

want to sell: I w. t. s. my . . . . . . p'algo sipsŭmnida.

want to sleep: I w. t. s. late. Nŭtjjam ŭl chago sipsŭmnida.

want to talk to: I w. t. t. the manager. Chibaein kwa yaegi hago sipsŭmnida.

want to try on: I w. t. t. it o. Ibŏ pogo sipsŭmnida.

want to visit: I w. t. v. . . . . . . e ka pogo sipsŭmnida.

war chŏnjaeng

ward office kuch'ŏng

wardrobe (portable clothes closet) otchang

warm ttattŭt han

  Are you w. enough? Ttattŭt hasimnikka?

  I'm w. enough. Ttattŭt hamnida.

  Is it w.? (to the touch) Tŏupsŭmnikka?

  Is it w. out? Pakke nalssi ka ttattŭt hamnikka?

  It's w. (to the touch) Tŏupsŭmnida.

  It's w. out. Pakke nalssi ka ttattŭt hamnida.

wart samagwi

wash & wear no iryŏnŭ ot

washbasin | 145 | wave

washbasin (sink) *semyŏndae*
washboard *ppallaep'an*
washcloth *mul sugŏn*
washer (electric, for clothes) *kige set'akki*
washing (laundry) *set'ak*
washing machine *kige set'akki*
washtub *ppallae t'ong*
washwoman *set'akpu*
waste: Don't w. it! *Nangbi haji mase yo!*
  Don't w. your money! *Ton ŭl nangbi haji mase yo!*
  Don't w. your time! *Sigan nangbi haji mase yo!*
  I'm wasting my time. *Sigan man nangbi hago issŭmnida.*
  You're wasting your time. *Sigan man nangbi hago issŭmnida.*
wastebasket *hyujit'ong*
watch (timepiece) *sige*
watchman *suwi*
Watch out! *Chosim!*
watch repairman *sige surigong*
Watch your step! *Pal kŏrŭm chosim hasipsiyo!*
water *mul*

a glass of w. *mul han koppu*
cold w. *naengsu*
drinking w. *ŭmyosu*
fresh w. *malgŭn mul*
hot w. *ttŭgŏun mul*
ice w. *ŏrŭm mul*
lukewarm w. *mijigŭn han mul*
mineral w. *ch'ŏngnyang ŭmnyosu*
rain w. *pinmul*
salt w. *jjanmul*
Turn off the w. *Mul chom chamgŏ chuse yo.*
Turn on the w. *Mul chom t'ŭrŏ chuse yo.*
watercolor (painting) *such'aehwa*
waterfall *p'okp'o*
water faucet *sudo*
water goblet *wŏt'ŏ koburet*
watering can *chooro*
watermelon *subak*
waterproof *pangsu e*
waterpump (car) *wŏt'ŏ pomppu*
water skiing *susang sŭk'i*
water skis *susang sŭk'i*
water softener *mul pudŭrŏpke hanŭn yak*
wave (ocean) *p'ado*

wax (for furniture) *kagu ttangnŭn yak*
(for floors) *pang padak ttangnŭn yak*

waxer *pang padak ŭl pit nage ttangnŭn kige*

wax paper *p'arap'in chongi*

way: Can you show me the w.? *Kilchom annae hae chusigessŭmnikka?*
Get out of the w., please. *Chom pik'yo chusipsiyo.*
half w. *chungdo*
I've lost my w. *Kil ŭl irŏssŭmnida.*
out of the w. *ŏngddung han kose*
that w. (in that direction) *chŏ jjok ŭro*
that w. (in that manner) *kŭrŏkhe*
this w. (in this direction) *i jjok*
this w. (in this manner) *irŏkhe*
Which w. is it? (direction) *Onu panghyang imnikka?*
Which w. is it to...? *...lo kanŭn kiri ŏnŭ kirimnikka?*

w. c. *pyŏnso*

we *uri tŭl*

weak *yak han*

wealthy *puyu han*

wear well: Will this material w. w.? *I okkam chilgimnikka?*

weather *nalssi*
Is the w. bad out? *Pakke nalssi ka nappŭmnikka?*
Is the w. good out? *Pakke nalssi ka chosŭmnikka?*
The w. is bad. *Nalssi ka nappŭmnida.*
The w. is clearing. *Nalssi ka kaeimnida.*
The w. is good. *Nalssi ka chosŭmnida.*

weather forecast *ilgi yebo*

weather stripping *ch'angmun ttawi e t'ŭm ŭl mangnŭn il*

wedding *kyŏrhonsik*

wedding attendant *kyŏrhonsik chang annaecha*

wedding anniversary *kyŏrhon kinyŏmil*

wedding cake *weding k'ek'ŭ*

wedding ring *kyŏrhon panji*

Wednesday *Suyoil*

weed *chapch'o*

week *chu*

weekday   147   **What a bother!**

all w. *iljuil naenae*
a w. ago *iljuil chŏn e*
every w. *maeju*
last w. *chinanju*
next w. *taŭmju*
once a w. *iljuil e han pŏn*
one w. from today *onŭllo put'ŏ iljuil hu*
this w. *ibŏnju*
twice a w. *iljuil e tubŏn*
weekday *p'yŏng il*
weekend *chumal*
weekly *chugan*
weekly magazine *chuganji*
weigh: How much does this w.? *I kŏt mugaega ŏlmana toemnikka?*
   How much do you w.? *Ch'ejung i ŏlmana toesimnikka?*
   I w. ... pounds (kilos). ... *p'aundu (k'illo) imnida.*
weight: Have you gained w.? *Ch'ejung i churŭsyŏssŭmnikka?*
   Have you lost w.? *Ch'ejung i churŭsyŏssŭmnikka?*
   I've gained w. *Ch'ejung i chom nŭrŏssŭmnida.*
   I've lost w. *Ch'ejung i chom churŏssŭmnida.*
   You've gained w. *Ch'ejung i chom nŭrŭsyŏssŭmnida.*
   You've lost w. *Ch'ejung i churŭsyŏssŭmnida.*
Welcome! (Please come in.) *Osŏ osipsiyo!*
welcome: You're w. *Ch'ŏnman e yo.*
Well ... (I guess so.) *Kŭlsse yo.*
well-behaved *yamjŏn han*
well-done (of broiled steak) *pajjak ikhin*
   Make mine w.-d. *Chŏe kŏsŭn pajjak ikhyŏ chusipsiyo.*
Well done! *Chal toessŭmnida!*
well-dressed *os ŭl chal ibŭn*
well-groomed *sonjil ŭl chal han*
west *sŏ jjok*
wet *chŏjun*
wet suit (for skin diving) *taibingyong komu ot*
wharf *sonch'ang*
What? *Muŏs imnikka?*
What! *Muŏt!*
What a bother! *Ai kwich'ana!*

What am I going to do? *Ŏttŏkhe hamyŏn chŏul kka yo?*

What are you doing? *Muŏt hasimnikka?*

What are you going to do? *Ŏttŏkhe hasigessŭmnikka?*

What did he (she) say? *Kŭ i ka muŏra mal haessŭmnikka?*

What did you say? *Muŏrago hasyŏssŭmnikka?*

What does this mean? *I kŏt musŭn ttŭs imnikka?*

What do you mean? *Musŭn malssŭm isimnikka?*

What do you think (about it)? *Ŏttŏkhe saenggak hasimnikka?*

What do you want? *Muŏs ŭl wŏn hasimnikka?*

What happened? *Ŏttŏkhe toessŭmnikka?*

What is it? *Muŏs imnikka?*

What kind is it? *Ŏttŏn chongnyu imnikka?*

What shall I do? *Ŏttŏkhe hal kka yo?*

What size is it? *Ssaijŭ ka muŏs imnikka?*

What's the difference? *Ch'ai ka muŏs imnikka?*

What's the exchange rate? *Hwannyul i ŏlma imnikka?*

What's the matter? *Wae kŭrŏsimnikka?*

What's the temperature out? *Pakke ondo nŭn ŏlmana toemnikka?*

What's the trouble? *Muŏsi malssŏng imnikka?*

What's the use? *Musŭn soyong i issŭmnikka?*

What's this (that)? *I kŏt (chŏ kŏt) muŏs imnikka?*

What's this called in Korean? *I kŏt Han'gungmal lo muŏrago hamnikka?*

What's wrong? *Wae kŭrŏsimnikka?*

What's your name? *Sŏngham i muŏs imnikka?*

What time are you arriving? *Messi e toch'ak hasimnikka?*

What time are you leaving? *Mes si e ttŏnamnikka?*

What time does it arrive?

Messi e toch'ak hamnikka?
What time does it close?
Mes si e tassŭmnikka?
What time does it leave?
Messi e ttŏnamnikka?
What time does it open?
Messi e mun ŭl yŏmnikka?
What time is it? *Messimnikka?*
wheel *pak'wi*
  steering w. *haendŭl*
wheelchair *pak'wi ŭja*
When? *Ŏnje?*
When are you going?
Ŏnje kasimnikka?
When did it happen? *Ŏnje kŭ iri irŏnassŭmnikka?*
When did you arrive?
Ŏnje toch'ak hasyŏssŭmnikka?
When does it (the performance) **start?** *Ŏnje sijak hamnikka?*
When does it (the train) **start?** *Ŏnje ttonamnikka?*
When is your birthday?
Saengil i ŏnje imnikka?
When will it be ready?
Ŏnje toemnikka?
When will you be back?
Ŏnje tora osimnikka?
When will you be finished? *Ŏnje kkŭnnaesimnikka?*
When will you be ready?
Ŏnje chunbi ka toesigessŭmnikka?
Where? *Ŏdi?*
Where are you going? *Ŏdi kasimnikka?*
Where can I buy ...? *... ŏdi sŏ sal su issŭmnikka?*
Where can I find a telephone? *Chŏnhwa ka ŏdi issŭmnikka?*
Where can I send a cable? *Chŏnbo nŭn ŏdi esŏ ch'imnikka?*
Where can I send a telegram? *Chŏnbo nŭn ŏdi esŏ ch'imnikka?*
Where do you come from? *Kohyang i ŏdi'simnikka?*
Where do you live? *Ŏdi e salgo kesimnikka?*
Where is ...? *... ŏdi'mnikka?*
Where is it? *Ŏdi'mnikka?*
Where's a gas station?

Where's the   150   **Who are you?**

I've run out of gas. *Chuyuso ka ŏdi issŭmnikka? Hwibaryu ka ta ttŏrŏjyŏssŭmnida.*

Where's the information desk? *Annaeso ka ŏdi issŭmnikka?*

Where's the ladies' room? *Puinyong hwajangsiri ŏdi e issŭmnikka?*

Where's the men's room? *Sinsayong hwajangsiri ŏdi e issŭmnikka?*

Where were you born? *T'aesangji ka ŏdi'simnikka?*

Which one? (of two) *Tuljung e ŏttŏn kŏt?*
(of more than two) *Kŭ chung e ŏttŏn kŏt?*

Which one is better? *Ŏnŭ kŏsi tŏ chosŭmnikka?*

Which track does the train leave from? *Ŏttŏn sŏnno esŏ kich'a ka ttŏnamnikka?*

Which way is it? (direction) *Ŏnu panghyang imnikka?*

Which way is it to …? *… lo kanŭn kiri ŏnŭ kirimnikka?*

whipped cream *wiptŭ k'ŭrim*

whisk broom *yangboksol*

whiskey (whisky) *wisŭk'i*
bourbon w. *pŏrubon*
double w. *tabul wisŭk'i*
Scotch w. *Sŭk'ach'i wisŭk'i*

whiskey & soda *wisŭk'i soda*

whiskey & water *wisŭk'i wŏt'a*

whiskey sour *wisŭk'i ssawŏ*

Whisper! *Kwissongmal lo hae chuse yo!*

whistle: Can you w.? *Hwi p'aram pul jul ara yo?*

white *hin*

white bread *hin ppang*

white cake *hwait'ŭ k'ek'ŭ*

white-collar worker *wŏlgŭp chaeng i*

white gold *paekkŭm*

white hair *hin mŏri*

white shirt *hin waiisyassŭ*

white sidewalls (tires) *hint'ae taiya*

white wine *hin p'odoju*

Who? *Nugu?*

Who are you? *Nuku'simni-*

Who did this?   151   windshield

kka?
Who did this? *I kŏt nuga irŏkhe haessŭmnikka?*
Who is he (she)? *Kŭ i nuku'siminikka?*
Who is it? *Nuku'simnikka?*
Who's there? *Kŏgi nugu'se yo?*
whole *chŏnbu*
wholesale *tomae*
wholesaler *tomaesang*
whole-wheat bread *holwit'ŭ ppang*
Whose? *Nugu e?*
Whose is this? *I kŏt nugu e kŏs imnikka?*
Why? *Wae yo?*
wide *nŏlbŭn*
widow *kwabu*
widower *horabi*
wife (your) *puin*
  (my) *anae*
wig *kabal*
wildflower *tŭl kkot*
will (testament) *yuŏn chŭngsŏ*
willing: Are you w. to do it? *Hasil maŭm i issŭsimnikka?*
  Are you w. to go? *Kasil maŭm i issŭsimnikka?*
  I'm w. to do it. *Hae pol maŭm i issŭmnida.*
  I'm w. to go. *Ka pol maŭm i issŭmnida.*
Will you have a cigarette? *Tambae hana p'isigessŭmnikka?*
Will you have some? *I kŏt chom tusigessŭmnikka?*
Will you have some more? *Chom tŏ tusigessŭmnikka?*
wind (the) *param*
wind: Don't forget to w. your watch. *Sige t'ŭrŏ chunŭn kŏt ijji mase yo.*
  I forgot to w. my watch. *Sige t'ŭrŏ chunŭn kŏt i jjŏssŭmnida.*
window *ch'angmun*
  Close the w.! *Ch'angmun chom tada chuse yo!*
  Open the w.! *Ch'angmun chom yŏrŏ chuse yo!*
  store w. *syowindo*
  storm w. *tŏmmun*
  ticket w. *maech'algu*
window shutter *kŏtch'ang*
windowsill *ch'angmun chibang*
windshield (car) *ch'a aph yuri*

windshield 152 **worn out**

windshield wiper *windo waip'ŏ*

windy: Is it w. out? *Pakk e param i pumnikka?*
It's w. out. *Pakk e param i pumnida.*

wine *p'odoju*
a bottle of w. *p'odoju han pyŏng*
a glass of w. *p'odoju han chan*
dry w. *mat talji anun p'odoju*
red w. *pulgŭn p'odoju*
sparkling w. *kŏp'um p'odojŭ*
white w. *hin p'odoju*

wine glass *p'odojujan*
wine list *p'odoju mongnok*
wing *nalgae*
winter *kyŏul*
wintertime *kyŏul ch'ŏl*
Wipe this, please. *I kŏt chom ttakkŏ chuse yo.*
wire (metal) *ch'ŏlsa*
wisdom tooth *sarang i*
wisteria *tŭngnamu*
with ... *wa hamkke*
withered *sit'ŭrŏjin*
without *ŏpsi*
woman *yoin*

wonder: I w. why. *Wae kŭrŏl kka yo.*
I w. why not. *Wae kŭrŏch'i anŭl kka yo.*

wonderful *nollal man han*
That's w.! *Chal toessŭmnida!*

wood *namu*
firew. *changjak*
kindling w. *pul changja*

wooden *mokcho e*
woods *sup*
woodwork *mokkong mul*
wool (material) *mojik*
(yarn) *t'ŏlsil*

work: Does it w.? *Kojang naji anassŭmnikka?*
It doesn't w. *Kojang i nassŭmnida.*
It works. *Kojang an nassŭmnida.*

work (job): What kind of w. do you do? *Chigŏp i muŏs imnikka?*

working day *p'yŏng il*
workshop *chagŏpso*
world *sege*
worn out: I'm w. o. *Aju mopssi p'igon hamnida.*
It's w. o. *Nalga ppajyŏssŭmnida.*

worried: Aren't you w.? *Kŏkchŏng toeji anŭsimnikka?*
Are you w.? *Kŏkchŏng toesimnikka?*
I'm not w. *Pyŏllo kŏkchŏng an hamnida.*
I'm w. *Kŏkchŏng i toemnida.*

worry: Don't w.! *Kŏkchŏng mase yo!*

worse *tŏ nappŭn*
Do you feel w.? *Momi tŏ ap'umnikka?*
I feel w. *Momi tŏ ap'umnida.*
Is it w.? *Tŏ nappŭmnikka?*
It's w. *Tŏ nappŭmnida.*

worst *kajang nappŭn*
It's (this is) the w. one. *Aju cheil nappŭn kŏs imnida.*

worthless *amu soyong ŏmnŭn*

Wrap it up, please. *P'ojang hae chusipsiyo.*

wrapping paper *p'ojangji*

wrench: monkey w. *mongk'i sŭp'ana*
socket w. *sok'aett'ŭ rench'i*

wringer (on washing machine) *ppallae jjage*

wrinkle (material or skin) *churŭm*

wrinkled (material or skin) *kkugin*

wrist *p'almok*

wristwatch *p'almok sige*

Write it down, please. *Chŏgŏ nwa chusipsiyo.*

Write it in Korean, please. *Han'gungmal lo ssŏ chusipsiyo.*

writing pad *memoji*

writing paper *p'yŏnjiji*

wrong: I'm w. *Che ka chalmos imnida.*
Something's w. *Muŏs i chalmot toessŭmnida.*
That's w. *Kŭ kŏt chalmos imnida.*
What's w.? *Wae kŭrŏsŭmnikka?*
You're w. *Chalmos imnida.*

wrong number (telephone) *chalmot kŏllin chŏnhwa*
You have the w. n. *Chalmot kŏllyŏssŭmnida.*

wrong side (of material) *twijiphin an jjok*

X

Xerox *Chirokkŭsŭ* | **X-ray** *eksŭrei*

Y

yacht *yot'ŭ*
yard (unit of measure) *ma*
 a y. of ... *han ma*
yard (garden) *chŏngwŏn*
yarn (for knitting) *ttŭgejil sil*
 a ball of y. *ttŭgejil sil han mungch'i*
yawn (a) *hap'um*
year *nyŏn*
 all y. *illyŏn naenae*
 a y. ago *illyŏn chŏn e*
 every y. *maenyŏn*
 last y. *changnyŏn*
 leap y. *yunnyŏn*
 next y. *naenyŏn*
 once a y. *illyŏn e han pŏn*
 the y. before last *chae-jangnyŏn*
 this y. *orhae*
 twice a y. *illyŏn e tu pŏn*
yearly *maenyŏn e*
yeast *isŭt'ŭ*
yellow *noran*
yellow gold *hwanggŭm*
Yes. *Ne.*
yesterday *ŏje*
 day before y. *kŭjŏkke*
yesterday afternoon *ŏje ohu*
yesterday evening *ŏje chŏnyŏk*
yesterday morning *ŏje ach'im*
yesterday noon *ŏje chŏng o*

yet: Not yet. *Ajik to.*
yolk *talgyal norŭn chawi*
you (subject, singular) *tangsin i*
  (object, singular) *tangsin ŭl*
  for (to) y. *tangsin ege*
young *chŏlmŭn*
young lady (unmarried) *ch'ŏnyŏ*
young man (unmarried) *ch'onggak*
your *tangsin e*
yours: Is it y.? *Tangsin kŏs imnikka?*
  It's not y. *Tangsin kŏs i an imnida.*
  It's y. *Tangsin kŏs imnida.*
yourself: Can you do it y.? *Honja hal su issŭmnikka?*
  You can do it y. *Honja hasil su issŭmnida.*
  You can't do it y. *Honja hasil su ŏpsŭmnida.*
youthful *hyŏlgi wangsŏn han*
youth hostel *tobo haengin tŭri haru pam ŭl jinael su innŭn kŏt*

Z

zero *chero*
zigzag *kkoburanggil*
zipper *chyakk'u*
zodiac: the signs of the z. *sibigung*
zoo *tongmurwŏn*

APPENDICES

PHRASES FOR EVERYDAY SITUATIONS

Salutations and Civilities

Good morning!	*Annyŏng hasimnikka!**
Good afternoon! (*or* Hello!)	*Annyŏng hasimnikka!**
Good evening!	*Annyŏng hasimnikka!**
It's been a long time since we last met, hasn't it?	*Oraegan man imnida.*
How do you do? (at first meeting)	*Ch'ŏŭm poepkessŭmnida.*
How do you do? (Hello!)	*Annyŏng hasimnikka?**
How are you?	*Annyŏng hasimnikka?**
How's everything going?	*Chaemi ka ŏttŏssŭmnikka?*
I'm very happy to meet you.	*Ch'ŏŭm poepkessŭmnida.*
I'm fine, thank you, and you?	*Ne. Annyŏng hasimnikka?*
May I introduce (Mr.) …?	*… lŭl sogae tŭril kka yo?*
It was nice meeting you.	*Manna poeŏssŏ pan'gawŏssŭmnida.*
Sorry to disturb you. (on entering someone's house)	*Sille hamnida.*
Hello! Anyone there? (on the telephone or in an unoccupied room or shop)	*Yobose yo!*
Please wait a minute.	*Chamgan man kidarise yo.*

* This phrase is used whenever you meet anyone for the first time during a twenty-four-hour period.

Excuse me but ...	*Sille haji man ...*
I'm home!	*Tanyŏ wassŭmnida.*
Welcome home! (to returning members of the household)	*Chigŭm tora osimnikka!*
Pardon me!	*Sille hamnida!*
Thanks for your hospitality.	*Yŏrŏ kajiro kamsa hamnida.*
Please come again!	*Tto osipsiyo!*
Thank you.	*Komapsŭmnida.*
I'm going out now.	*Chigŭm naganŭn kil imnida.*
Goodbye! (by person(s) leaving)	*Annyŏng hi kesipsiyo!*
(by person(s) staying)	*Annyŏng hi kasipsiyo!*
(by two parties leaving each other)	*Annyŏng hi kasipsiyo!*
(on the telephone)	*Annyŏng hi kesipsiyo!*
(by a family member leaving for a short time)	*Katta ogessŭmnida!*
(to a family member leaving for a short time)	*Katta osipsiyo!*
(by a family member leaving for a long time)	*Annyŏng hi kesipsiyo!*
(to a family member leaving for a long time)	*Annyŏng hi kasipsiyo!*

Instructions to the Taxi Driver

Do you know where this address is?	*I chuso ka ŏdinji ase yo?*

160 EVERYDAY SITUATIONS

I know. I'll show you how to go.	*Chega anikka kanŭn kirŭl allyŏ tŭrigessŭmnida.*
Go straight ahead!	*Aphuro ttok paro kase yo!*
Turn right (left)!	*Parŭn jjokŭro (oen jjokŭro)!*
Turn here!	*Yŏgisŏ tora chuse yo!*
Drive faster!	*Chom tŏ songnyŏk ŭl nae chuse yo!*
Drive slower!	*Sokto lŭl chom nŭtch'yŏ chuse yo!*
Turn right (left) at the traffic light!	*Kyot'ong sinho innŭndesŏ parŭn jjokŭro (oen jjokŭro) tora chuse yo!*
Go a little farther!	*Chogŭm man tŏ ka chuse yo!*
Stop here!	*Yŏgi sŏ tora chusipsiyo!*
Stop over there!	*Chŏgi sŏ sewŏ chuse yo!*
Wait here, please.	*Chom kidaryŏ chuse yo.*

General Shopping Phrases

I'm going shopping	*Mulgŏn sarŏ kamnida.*
Where's a department store?	*Paekhwajŏm i ŏdi issŭmnikka?*
Can you help me, please?	*Chom towa chuse yo?*
I would like to see a …	*… chom poyŏ chuse yo.*
I would like to see that one.	*Kŭ kŏt chom poyŏ chuse yo.*
Will you show me that, please?	*Kŭ kŏt chom poyŏ chuse yŏ?*
I like this (that) one.	*I kŏt (kŭ kŏt) chosŭmnida.*
I don't like that (this) one.	*Kŭ kŏt (i kŏt) pyŏllo maŭm e an tumnida.*

GENERAL SHOPPING

I want something better.	*Chom tŏ choŭn kŏs ŭro chuse yo.*
I want something bigger.	*Chom tŏ k'ŭn kŏs ŭro chuse yŏ.*
I want something cheaper.	*Chom tŏ ssan kŏs ŭro chuse yo.*
I want something darker.	*Chom tŏ kŏmŭn kŏs ŭro chuse yo.*
I want something lighter. (in color)	*Chom tŏ pich'i yŏnhan kŏs ŭro chuse yo.*
I want something lighter. (in weight)	*Chom tŏ kabyŏun kŏs ŭro chuse yo.*
I want something longer.	*Chom tŏ kin kŏs ŭro chuse yo.*
I want something shorter.	*Chom tŏ jjalbŭn kŏs ŭro chuse yo.*
I want something smaller.	*Chom tŏ chagŭn kŏs ŭro chuse yo.*
I want something thicker.	*Chom tŏ tut'ŏun kŏs ŭro chuse yo.*
I want something thinner.	*Chom tŏ yalbŭn kŏs ŭro chuse yo.*
What is this called in Korean?	*I kŏt Han'gungmal lo muŏrago hamnikka?*
How much is this?	*I kŏt ŏlma'mnikka?*
How much is it altogether?	*Chŏnbu kapsi ŏlma'mnikka?*
It's too expensive.	*Nŏmu pissamnida.*
I'll take this one.	*I kŏt chom chuse yo.*
I would like to buy two of these.	*I kŏt tugae chusipsiyo.*

162 EVERYDAY SITUATIONS

When will it be ready?	Ŏnje toemnikka?
Will you deliver it?	Paedal hae chusigessŭmnikka?
Please deliver to this address.	I chusoro paedal hae chuse yo.
I'll pay you now.	Ton ŭn chigŭm tŭrigessŭmnida.
Send me a bill.	Kesansŏ chom ponae chusipsiyo.
I'll pay when it's delivered.	Mulgŏn paedari wassŭl ttae chibul hagessŭmnida.

At the Beauty Shop

I want a shampoo-set.	Syamp'u wa sett'ŭ hae chuse yo.
I want a permanent.	P'ama hae chuse yo.
I want a manicure.	Manik'wiŏ hae chuse yo.
I want a haircut.	Mŏri k'att'u chom hae chuse yo.
I want a light trim.	Mŏri chogŭm man jjalla chuse yo.
Use creme rinse.	K'ŭrim rinsŭ ssŏ chuse yo.
I want a color rinse.	K'alla rinsŭ chom hae chuse yo.
I want my hair bleached.	Mŏri purich'i chom hae chuse yo.
I want my hair tinted.	Mŏri e murŭl chom tŭryŏ chuse yo.
I want my hair streaked.	Mŏri kyŏl chom ttokparo p'yŏ chuse yo.

AT THE BARBERSHOP

I want an oil treatment.	*Oil syamp'u chom hae chuse yo.*
I want a facial.	*Olgul massaji chom hae chuse yo.*
Cut my hair shorter.	*Chom tŏ jjalpke jjalla chuse yo.*
Back comb my hair.	*Mŏri hu kkasi hae chuse yo.*
No hair spray.	*Heŏ sŭp'ŭrei ssŭji marŏ chuse yo.*

At the Barbershop

I want a haircut.	*Ibal chom hae chuse yo.*
I want a light trim.	*Mŏri chogŭm man saljjak kkakka chuse yo.*
Use scissors on the sides.	*Yŏp mŏri nŭn kawi chom ssŏ chuse yo.*
Don't cut it too short.	*Nŏmu jjalpkke jjarŭji mase yo.*
Cut more off the sides (top).	*Yŏp (wi) chom tŏ kkakka chuse yo.*
I want a shampoo.	*Mŏri chom kamŏ chuse yo.*
I want a shave.	*Myŏndo chom hae chuse yo.*
I want a face massage.	*Olgul massaji chom hae chuse yo.*
No hair spray.	*Heŏ sŭp'ŭrei ssŭji marŏ chuse yo.*
Don't use the curling iron.	*Kodae ssŭji mase yo.*

At the Dressmaker or Tailor Shop

I want to have a dress (suit) made.	Ot (yangbok) han pŏl mach'igo sipsŭmnida.
I like this style.	I sŭt'ail i chosŭmnida.
How much material does it take?	Ot kam i ŏlmana tŭmnikka?
May I see some cloth samples?	Ot kam ssaemp'ul chom poyŏ chuse yo?
Is this wool (cotton, silk, nylon)?	I kot mojik (myŏnjik, pon'gyŏng, nairong) innikka?
How much is a yard of this cloth?	I kam han ma e ŏlma'mnikka?
How much will you charge?	Kongjŏn i ŏlma'mnikka?
Take my measurements.	Mom e ssaisŭ lŭl chaeŏ chuse yo.
When shall I come for a fitting?	Kabong harŏ ŏnje ol kka yo?
It fits very well.	Aju chal massŭmnida.
It's too loose (tight) here.	Yŏgi ka nŏmu hŏllŏng hamnida (kkok kkimnida).
It's too short (long).	Nŏmu jjalpumnida (kirŭmnida).
Let it out here.	Yŏgi chom nulk'uŏ chuse yo.
Take it in here.	Yŏgi chom churyŏ chuse yo.
When will it be finished?	Ŏnje toemnikka?

At the Service Station

Change the flat tire.	*Ppangkku kara kkiwŏ chusipsiyo.*
Change the oil.	*Oil ch'einji hae chusiyo.*
Charge the battery.	*Ppatteri ch'ein hae chusiyo.*
Check the battery, oil and water.	*Ppatteri wa oil kŭrigo mul chom pwa chusiyo.*
Check the tires. (for air)	*Taia chom pwa chusiyo.*
Fill it up. (with gas)	*Man ttaengkku ro ch'aeusiyo.*
Fix the ...	*... chom koch'ŏ chusiyo.*
Flush the radiator.	*Rajiet'a mul chom kara chusiyo.*
Give me ... gallons of gas.	*Hwibaryu ... k'allŏn man noŭse yo.*
I want an engine tune-up.	*Enjin kŏmsa chom hae chusi yo.*
Lubricate the car.	*Mobiru chom nŏŏ chuse yo.*
Rotate the tires.	*Ch'einji t'aia hae chusiyo.*
The tires take 30 lbs. pressure. (regular car tires)	*Samsip p'aundu amnyŏk nŏŏya hamnida.*
Wipe off the windshield.	*Cha aph urichom ttakka chusiyo.*

AUTO PARTS AND ACCESSORIES

accelerator	*akssel*
automatic transmission	*chadong pyŏnsokki*

166 Everyday Situations

backup light	*ppaek rait'u*
battery	*patteri*
body	*ch'ach'e*
brake	*puraek'i*
foot b.	*puraek'i*
hand b.	*haendŭ puraek'i*
brake rod	*haendŭ puraek'i charu*
bumper	*pamba*
carburetor	*k'yabŭreda*
chains (for tires)	*ch'ein*
clutch	*k'ŭllŏch'i*
clutch pedal	*k'ŭllŏch'i p'aedal*
dashboard	*taesibodŭ*
dimmer switch	*timŏ sŭwitch'i*
direction signal	*kkamppagi*
distributor	*piuda*
door	*ch'amun*
door handle	*ch'amun sonjabi*
engine	*enjin*
engine block	*enjin purok*
exhaust pipe	*paegit'ong*
fan	*huang*
fan belt	*huang peldŭ*
fender	*hŭlk paji*
gas tank	*hwibaryu t'aengk'ŭ*
gear	*kia*
generator	*chenŏret'a*
headlight	*hedŭrait'ŭ*
heater	*hit'a*
hood (bonnet)	*pponnet*

AT THE SERVICE STATION

horn	*k'ŭraksyon*
hub cap	*k'aep*
ignition	*chŏmhwa changch'i*
inner tube	*chyubŭ*
jack	*chaek'ŭ*
knob	*sonjabi*
light switch	*chŏn'gibul sŭwich'i*
motor	*mot'ŏ*
muffler	*mahŭra*
oil filter	*oil hwilt'a*
piston	*p'isŭt'on*
points	*p'oint'ŭ*
pump (for tires)	*ppomppu*
radiator	*rajiet'a*
rearview mirror	*ppak'ŭ mirŏ*
roof	*chibung*
spare tire	*sup'ea taia*
spark plug	*ppurakk'ŭ*
speedometer	*soktoge*
starter	*kidonggi*
steering wheel	*haendŭl*
taillight	*twi e tallin bul*
tailpipe	*paegit'ong*
tire	*taia*
flat t.	*ppangkku*
tire pump	*taia ppomppu*
tool kit	*yŏnjang sangja*
trunk	*t'ŭrŏn'gu*
trunk lid	*t'ŭrŏn'gu pponnet*
tube	*chyubŭ*

tubeless tire	nojyubŭ
turn signal	kkamppagi
valve	palbŭ
water pump	wŏt'ŏ ppomppu
wheel	pak'wi
white sidewalls	hint'ae taia
window	ch'angmun
windshield	ch'a aph yuri
windshield wiper	windo waip'ŏ

Telephoning

Hello!	Yŏbose yo!
Hello, operator!	Yŏbose yo, kyohwansu imnikka!
Do you speak English?	Yŏngŏ haljul asimnikka?
Does anyone there speak English?	Kŏgi nugu Yŏngŏ hal chul anŭn saram i issŭmnikka?
May I speak to Mr. ...?	Misŭt'ŏ ... chom pakkwŏ chusipsiyo?
He (she) is not here.	Yŏgi an kesimnida.
Just a moment, please.	Chamgan man kidarise yo.
Who's speaking?	Nugusimnikka?
Whom do you wish to speak to?	Nugu ege pakkwŏ tŭril kka yo?
You have the wrong number.	Chalmot kŏllyŏssŭmnida.
Please call me tomorrow.	Naeil chŏnhwa hae chuse yo.
This is ... speaking.	Chŏ ... imnida.

Please call Mr. (Mrs. Miss) ... to the telephone	Misŭt'ŏ (Misessŭ, Missŭ) ... ege chŏnhwa padŭrago hae chuse yo.
Please ask him to call me.	Chŏnhwa hae tallago chŏn hae chuse yo.
Goodbye!	Annyŏng hi kesipsiyo.

Health Problems

I'm bleeding.	P'i ka namnida.
I burned myself.	Tiŏssŭmnida.
I don't feel good.	Mom i pulp'yŏn hamnida.
I feel dizzy.	Hyŏn'gijŭng i namnida.
I feel faint.	Kijŏl hal kŏt kassŭmnida.
I feel nauseated.	T'o hal kŏt kassŭmnida.
I feel sick.	Mom i chom pulp'yŏn hamnida.
I have a cold.	Kamgi ka tŭrŏssŭmnida.
I have a cough.	Kich'im i namnida.
I have a fever.	Yŏri issŭmnida.
I have a hangover.	Ajik suri an kkaessŭmnida.
I have a headache.	Mŏri ka ap'ŭmnida.
I have an earache.	Kwi ka ap'ŭmnida.
I have a nosebleed.	K'op'i ka namnida.
I have a pain here.	Yŏri ka ap'ŭmnida.
I have a sore throat.	Mok i ttŭkkŭm kŏrimnida.
I have a sprained ankle.	Palmok ŭl ppiŏssŭmnida.
I have a stiff neck.	Kogae lŭl chom ppiŏssŭmnida.

170 EVERYDAY SITUATIONS

I have a stomach ache.	*Pae ka ap'ŭmnida.*
I have a toothache.	*I ka ap'ŭmnida.*
I have chills.	*Ohan i namnida.*
I have indigestion.	*Sohwa ka an toemnida.*
I have the hiccups.	*Ttalkkokchil i namnida.*
I've cut myself here.	*Yŏgi lŭl tach'yŏssŭmnida.*
I vomited.	*T'o haessŭmnida.*
Please call a doctor.	*Ŭsa chom pullŏ chuse yo.*
Please take me to a doctor.	*Ŭsa ege chom teryŏda chuse yo.*
My blood type is A (B, AB, O).	*Chŏe hyŏraekhyŏng ŭn ei (bi, eibi, o) imnida.*

Interviewing a Maid

Hello!	*Annyŏng hase yo!*
Come in!	*Tŭrŏ ose yo!*
Sit down.	*Anjusipsiyo.*
What's your name?	*Sŏngham i muŏs imnikka?*
Where do you live?	*Ŏdi e salgo kesimnikka?*
Are you married?	*Kihonja isimnikka?*
How many children do you have?	*Ai tŭri mechina toemnikka?*
How old are you?	*Yŏnse ka mech isimnikka?*
I need someone for general housework.	*Chiban il ŭl hal su innŭn saram ŭl ku hanŭnde yo.*
Will you take care of children?	*Ai tŭl ŭl pwa chul su issŭmnikka?*

Can you cook Western food?	*Soyang yori hal su issŭmnikka?*
Will you live in?	*Yŏgi wasŏ kachi sal su issŭmnikka?*
I would like you to work five (six, seven) days a week.	*Iljuire tasse (yŏsse, irhae) ssik il hae chuse yo.*
The salary is ... won a month (a week).	*Ponggŭp ŭn han tare (iljuire) ... wŏn imnida.*
I will give you ... month's pay as bonus at New Year's.	*... han talbun e wŏlgup ŭl chŏngwŏl ch'oharu e ponasŭro tŭrigesse yo.*
I will give you ... weeks' paid vacation.	*... iljuil hyuga lŭl wŏlgŭp ŭl ppaeji ankho tŭrigessŭmnida.*
When can you start work?	*Ŏnje put'ŏ il hal su isse yo?*
Good! Then it's agreed.	*Chosŭmnida. Kŭrŏm kŭrŏkhe algessŭmnida.*
Goodbye!	*Annyŏng hi kase yo.*

Housekeeping Instructions

Answer the doorbell.	*Pakk e nuga wanna ka pose yo.*
Answer the telephone.	*Chŏnhwa chom padŭse yo.*
Can you stay late tonight?	*Onŭl chŏnyŏk nŭkke kkaji issŭl su issŭmnikka?*
Change the sheets and pillowcases.	*Hoch'ŏng kwa pyŏgaenit chom karŭse yo.*
Clean the silver.	*Un kŭrŭt chom takka chuse yo.*

172 Everyday Situations

Clean the stove.	Sŭt'obŭ soje hae chuse yo.
Clean the toilet.	Pyŏn'gi takka chuse yo.
Clear the table.	T'ebul chom ch'iŭse yo.
Defrost and clean the refrigerator.	Naengjanggo e ŏrŭm ŭl nokhigo soje hae chuse yo.
Dust the furniture.	Kagu e mŏnji takka chuse yo.
Empty the ashtrays.	Chaettŏri kkaekkŭsi takka chuse yo.
Empty the garbage.	Ssŭregi katta pŏrise yo.
Empty the wastebasket.	Hyujit'ong piuse yo.
Guests are coming this evening.	Onŭl chŏnyŏk e sonnim tŭri osimnida.
Hang up the clothes.	Ppallae lŭl ppallae chure norŭse yo.
Iron this (these).	I kŏt (i kŏt tŭl) chom taerise yo.
I'm going out.	Oech'ul haegessŭmnida.
I'll be back shortly.	Chamgan katta ogesse yo.
Leave the light on (off).	Pul ŭn k'yŏ (kkŏ) noŭse yo.
Leave the door open (closed).	Mun ŭl yŏrŏ (tadŏ) noŭse yo.
Leave the window open (closed).	Ch'angmun ŭl yŏrŏ (tadŏ) noŭse yo.
Light the fire.	Pul ŭl p'iŭse yo.
Lock the door.	Mun ŭl chamgŭse yo.
Make the beds.	Ch'imdae e ch'imgu lŭl pandusi hae chuse yo.
Mop the floor.	Pang padak ŭl takka chuse yo.
Preheat the oven.	Obun ŭl ttŭgŏpke hae nwa chuse yo.
Scour the pots and pans.	Naembi tŭl ŭl takka chuse yo.

HOUSEKEEPING 173

Scour the tub and sink.	*T'ang kwa semyŏndae lŭl kkaekkŭsi takka chuse yo.*
Send this to the cleaners.	*I kŏs k'ŭriningjip e ponae chuse yo.*
Set the table.	*T'ebul ch'aryŏ chuse yo.*
Starch this.	*I kŏse p'ul chom megise yo.*
Straighten the furniture.	*Kagu chom ttŏk paro hae chuse yo.*
Sweep the floor.	*Pang padak chom ssŭrŏ chuse yo.*
Throw it away.	*Kŭ kŏt porise yo.*
Turn the mattress.	*Ch'imdae maech'uresŭ chom twijibŭse yo.*
Turn on (off) the lights.	*Pul chom k'yŏ (kkŏ) chuse yo.*
Use furniture polish.	*Kagu tangnŭn yak chom ssŭse yo.*
Vacuum the rugs.	*Sojegi lo yangt'anja chom soje hase yo.*
Wash the windows (mirrors).	*Yurich'ang (kŏul) takka chuse yo.*
Wash the dishes.	*Sŏlgŏjil chom hase yo.*
Wash this (these) in the machine.	*I kŏt (i kŏt tŭl) se t'akkiro pparŭse yo.*
Wash this (these) by hand.	*I kŏn (i kŏt tŭl) sonŭro pparuse yo.*
Water the plants (flowers).	*Hwach'o (kkot) e murŭl chuse yo.*
Wax the floors.	*Pang patak e waksŭ ch'il chom hase yo.*

Instructions for Child Care

Change his diapers.	*Orinae kijŏgi chom karŭse yo.*
Comb his hair.	*Kŭ ae e mŏri chom pisŏ chuse yo.*
Feed him his lunch (breakfast, supper).	*Kŭ ae ege chŏmsim (ach'im, chŏnyŏk) chom mŏgise yo.*
Give him a bath.	*Kŭ ae mogyok chom sikhise yo.*
Give him a bottle.	*Kŭ ae ege pyŏng uyu chom chuse yo.*
Put him in the stroller.	*Kŭ ae yumoch'a e anch'ise yo.*
Put him to bed at ... o'clock.	*... si e chaewŏ chuse yo.*
Take him for a walk.	*Kŭ ae terigo sanbo sik'yo chuse yo.*
Take him to the playground.	*Orinae norit'oro terigo kase yo.*
Wash his hands and face.	*Kŭ ae e ŏlgul kwa son ŭl ssisŏ chuse yo.*

NUMBERS AND COUNTING

Korean has two systems of counting, the Korean system and a system adopted from Chinese called Sino-Korean; both systems are in use but they are used to count different things.

SINO-KOREAN NUMBERS		KOREAN NUMBERS
1	*il*	*hana*
2	*i*	*tul*
3	*sam*	*set*
4	*sa*	*net*
5	*o*	*tasŏt*
6	*yuk*	*yŏsŏt*
7	*ch'il*	*ilgŏp*
8	*p'al*	*yŏdŏl*
9	*ku*	*ahop*
10	*sip*	*yŏl*
20	*i sip*	*sŭmul*
30	*sam sip*	*sŏrhŭn*
40	*sa sip*	*mahŭn*
50	*o sip*	*swin*
60	*yuk sip*	*yesun*
70	*ch'il sip*	*irhŭn*
80	*p'al sip*	*yŏdŭn*

90	*ku sip*	*ahŭn*
100	*paek*	...
1,000	*ch'ŏn*	...
10,000	*man*	...
100,000	*sip man*	...

Sino-Korean numbers are used to count:

Minutes *(pun)*

ten minutes	*sip pun*
thirty minutes	*sam sip pun*

Money *(wŏn)*

one hundred won	*paek wŏn*
one thousand won	*ch'ŏn wŏn*

Korean numbers are used to count:

Time *(sigan)*

one o'clock	*han si*
two o'clock	*tu si*

Persons *(saram)*

one person	*han saram*
ten persons	*yŏl saram*

Items or Things *(kae)*

four things	*ne kae*
five things	*tasŏt kae*

MONTHS AND DAYS

Hours *(sigan)*

eight hours	*yŏdŏl sigan*
nine hours	*ahop sigan*

Months of the Year

January	*Irwŏl*
February	*Iwŏl*
March	*Samwŏl*
April	*Sawŏl*
May	*Owŏl*
June	*Yuwŏl*
July	*Ch'irwŏl*
August	*P'arwŏl*
September	*Kuwŏl*
October	*Siwŏl*
November	*Sibirwŏl*
December	*Sibiwŏl*

Days of the Week

Sunday	*Iryoil*
Monday	*Wŏryoil*
Tuesday	*Hwayoil*
Wednesday	*Suyoil*
Thursday	*Mogyoil*
Friday	*Kŭmyoil*
Saturday	*T'oyoil*

Telling Time

What time is it?	*Mes'simnikka?*
It's one o'clock.	*Han si imnida.*
It's two o'clock.	*Tu si imnida.*
It's three o'clock.	*Se si imnida.*
It's four o'clock.	*Ne si imnida.*
It's five o'clock.	*Tasŏs si imnida.*
It's six o'clock.	*Yosŏs si imnida.*
It's seven o'clock.	*Ilgŏp si imnida.*
It's eight o'clock.	*Yodŏl si imnida.*
It's nine o'clock.	*Ahop si imnida.*
It's ten o'clock.	*Yŏl si imnida.*
It's eleven o'clock.	*Yŏl han si imnida.*
It's twelve o'clock.	*Yŏl tu si imnida.*
It's quarter to one.	*Sibo pun chŏn han si imnida.*
It's quarter past one.	*Han si sibo pun imnida.*
It's half past one.	*Han si pan imnida.*

1 minute	= *il pun*	10 minutes	= *sip pun*
2 minutes	= *i pun*	15 minutes	= *sip o pun*
3 minutes	= *sam pun*	20 minutes	= *i sip pun*
4 minutes	= *sa pun*	30 minutes	= *sam sip pun*
5 minutes	= *o pun*	40 minutes	= *sa sip pun*
6 minutes	= *yuk pun*	45 minutes	= *sa sip o pun*
7 minutes	= *ch'il pun*	50 minutes	= *o sip pun*
8 minutes	= *p'al pun*	1 hour	= *han sigan*
9 minutes	= *ku pun*		

Tables of Equivalents

LIQUID AND LINEAR MEASURES

il rit'ŏ   (1 liter)   = .75 quarts
il killo   (1 kilogram)   = 2.2 pounds
il ssench'i   (1 centimeter) = .4 inches
il mit'ŏ   (1 meter)   = 1.08 yards (39 inches)
il killomit'ŏ (1 kilometer) = .63 miles

1 quart = 1.2 liters   *iljŏmi rit'ŏ*
1 pound = .45 kilograms   *chom sasibo killogŭramŭ*
1 inch   = 2.5 centimeters *ijŏmo ssench'i*
1 yard   = .9 meters   *chŏm ku mit'ŏ*
1 mile   = 1.6 kilometers *iljŏmnyuk killomit'ŏ*

SPEED TABLE

MPH	KPH	MPH	KPH
6 =	10	38 =	60
13 =	20	44 =	70
19 =	30	50 =	80
25 =	40	57 =	90
31 =	50	63 =	100

TEMPERATURE

TEMPERATURE TABLE

FAHRENHEIT		CENTIGRADE	FAHRENHEIT		CENTIGRADE
0	=	−18	104	=	40
14	=	−10	122	=	50
23	=	−5	212	boiling	100
32	freezing	0	260	=	125
41	=	5	300	=	150
50	=	10	350	=	175
59	=	15	390	=	200
68	=	20	440	=	225
77	=	25	480	=	250
86	=	30	530	=	275
98.6	body temp.	37	570	=	300

The "weathermark" identifies this book as having been planned, designed, and produced by John Weatherhill, Inc., 7-6-13 Roppongi, Minato-ku, Tokyo 106. Book design and typography by Ronald V. Bell.

Type composition and printing by Kenkyusha Printing Co., Ltd., Tokyo. Bound at the Makoto Binderies, Tokyo. The text is set in 8-point Monotype Imprint, with hand-set News Gothic for display.

WITHDRAWN
FROM THE RODMAN PUBLIC LIBRARY